Karikaturen aus dem Ersten Weltkrieg

Eine Ausstellung des Bundesarchivs

Konzeption, Auswahl und Erläuterung der Exponate:	Eberhard Demm
Gestaltung:	Tilman Koops, Johanna Thor, Christiane Toyka-Seid, Andrea Zeitzem und Elke Chriske
Fotosatz:	Fotosatz Weber, Koblenz
Druck:	Druckerei Voigt, Koblenz
Produktion:	Norbert Freese, Berufsbildungswerk Neuwied
Katalog:	Eberhard Demm, Tilman Koops

ISBN 3-89192-020-2

Copyright Bundesarchiv, Koblenz 1990
Alle Rechte vorbehalten

Inhaltsverzeichnis

Vorwort	5
Einleitung: Propaganda und Karikatur im Ersten Weltkrieg	7
Ursachen und Anlaß des Krieges	15
Die Ursachen des Krieges	15
Der Ausbruch des Krieges	15
Staatsmänner und Generäle	17
Die Mittelmächte	17
Die Alliierten	18
Das Deutsche Reich – Kaiser Wilhelm II.	18
Kronprinz Wilhelm	19
Hindenburg	19
Österreich-Ungarn: Kaiser Franz-Joseph I. und Kaiser Karl I.	20
Die Türkei und Bulgarien: Sultan Mehmet V. und Zar Ferdinand I.	20
Großbritannien: Sir Edward Grey	21
Das zaristische Rußland: Zar Nikolaus II. und Nikolai Nikolajewitsch	21
Das revolutionäre Rußland: Wladimir I. Lenin und Leo D. Trotzkij	22
Frankreich: Raymond Poincaré und Georges Clemenceau	22
Italien: König Vittorio Emanuele III. und Antonio Salandra	23
Die USA: Präsident Woodrow Wilson	23
Die Balkanländer: König Peter I. von Serbien und König Nikolaus I. von Montenegro	24
Der Vatikan: Papst Benedikt XV.	24
Mittelmächte und Alliierte: Wer ist stärker?	24
Mittelmächte und Alliierte: Ärger in der Koalition	25
An der Front	26
Chronologie der militärischen Ereignisse	26
Die Rekrutierung	26
Der deutsche Soldat	27
Der alliierte Soldat	28
Der US-Soldat	28
Im Schützengraben	29
Frauen an die Front	29
Das letzte Aufgebot	31
Humor an der Front	31
Zeppelin und „Dicke Berta"	31
Tanks und andere Erfindungen	31
Die englische Seeblockade	32
Der U-Boot-Krieg	33
Frauen und Kinder	34
Frauen in die Fabriken	34
Demokratisierung	35
Liebe und Ehe	36
Die Kinder	36
Spielzeugkarikaturen	37
Kinderspielzeug	38
Kinder- und Frauenbücher	38
Rationierung	39
Hunger	39
Die Lebensmittelbewirtschaftung	39
Ersatz	39
Selbstversorgung	40
Die Wucherer	40
Ersatzstoffe	40
Die Finanzen	42
Die Kriegsgewinnler	42
Die Kriegsfinanzierung	42
Zahlungsmittel, Kriegsanleihen, Rationierungskarten	43
Der Kampf gegen den inneren Feind	44
Die Pazifisten	44
Pazifismus in den USA	44

Inhaltsverzeichnis

Die Sozialisten	44	Propagandakeramik	51
Streiks	45	Propaganda in Aufrufen, Zeitungen, Büchern und Broschüren	52
Spione	45		
Deutsche Minderheiten	47	Filmausschnitte aus dem Ersten Weltkrieg	53
Pazifistische und sozialistische Aufrufe und Broschüren	47		
		Tondokumente über den Ersten Weltkrieg	53
Der Propagandakrieg	49		
Die „Daheimkrieger"	49	Endlich Friede	55
Propaganda und Zensur	49	Der Zusammenbruch der Mittelmächte	55
Kultur und Zivilisation	49		
Farbige Soldaten im Krieg	50	Pariser Friedensverträge	55
Kultur kleinkariert	50		
Das Selbstbestimmungsrecht der Völker	51	Und wenn die Deutschen gewonnen hätten?	56

Vorwort

Das Jahr 1989 war ein Jahr vielfältiger Gedenktage, die an Revolution, Weltkriege und Staatsgründungen auf deutschem Boden erinnerten. Unter den Jubiläen, die Ereignisse vor vierzig, fünfzig oder zweihundert Jahren in das Gedächtnis zurückriefen, wurde der Ausbruch des Ersten Weltkrieges vor fünfundsiebzig Jahren wenig beachtet. Dabei endete am 1. August 1914 ein Zeitalter, das seit der Französischen Revolution von 1789 durch das Zusammenspiel der Vertreter der monarchischen Staatsform und des Bürgertums geprägt war. Der Krieg von 1914-1918 veränderte nachhaltig die Sozialstruktur in Europa, er beendete die Vorherrschaft der europäischen Mächte in der Welt und leitete die Dekolonisation ein. Mit dem Eintritt der Vereinigten Staaten in den Krieg und den Februar- und Oktoberrevolutionen in Rußland 1917 begann die weltweite machtpolitische Verflechtung der beiden Supermächte. Der Erste Weltkrieg legte den Grund zu der Teilung der Welt, die zu überwinden wohl erst in unserer Gegenwart möglich erscheint. Aus dem Ersten Weltkrieg erhielten die totalitären Bewegungen des 20. Jahrhunderts Auftrieb.

Vieles davon läßt sich rückblickend entdecken in den Karikaturen der kriegführenden Nationen, mit deren Ausstellung das Bundesarchiv an den Ausbruch des Ersten Weltkriegs vor fünfundsiebzig Jahren erinnert. Die Zeichnungen gewähren einen Einblick in den äußeren Verlauf und die innere Geschichte des Ersten Weltkriegs, gebrochen durch den satirischen Stift: die Probleme der Ernährungsversorgung ebenso wie die Kriegsfinanzierung, die Furcht vor Spionen wie die Agitation gegen Pazifismus und Defaitismus. Dabei wird deutlich, daß die Karikatur ein Medium war, das auch der Propaganda zur moralischen Aufrüstung der eigenen Bevölkerung und zur Verunsicherung des Gegners diente.

Anders als heute gab es in allen europäischen Staaten zahlreiche satirische Zeitschriften, die die Karikaturen in hoher Auflage verbreiteten. Karikaturen fanden sich auch in Bilderbüchern, auf Karten- und Würfelspielen und auf Gebrauchsgeschirr; Beispiele dieser Kunst sind gleichfalls in der Ausstellung zu besichtigen.

Herrn Dr. Eberhard Demm, Universität Paris, der bereits mit einer Publikation zu diesem Thema hervorgetreten ist (Der Erste Weltkrieg in der internationalen Karikatur, Hannover 1988), danke ich sehr herzlich für die Konzeption der Ausstellung. Mein Dank gilt auch dem Berufsbildungswerk Neuwied und den Mitarbeiterinnen und Mitarbeitern des Bundesarchivs für die Gestaltung der Ausstellung.

Ohne die großzügige Hilfe aus- und inländischer Leihgeber hätte die Ausstellung nicht realisiert werden können. An erster Stelle danke ich sehr herzlich der Bilbiothèque de Documentation Internationale Contemporaine, Nanterre, für die Vielzahl der Exponate, die sie im Original und als Reproduktionen zur Verfügung gestellt hat. Ebenso danke ich dem Imperial War Museum, London, den Universitätsbibliotheken Heidelberg und Mannheim sowie der Württembergischen Landesbibliothek Stuttgart für die Ausleihe von Büchern und Zeitschriften und dem Rundfunkarchiv Frankfurt am Main für die Überspielung von Tondokumenten aus dem Ersten Weltkrieg.

Koblenz, im Dezember 1989

Prof. Dr. Friedrich P. Kahlenberg
Präsident des Bundesarchivs

Propaganda und Karikatur im Ersten Weltkrieg

Der Erste Weltkrieg war der erste totale Krieg in der neueren Geschichte. Er wurde nicht nur gegen das feindliche Heer geführt, sondern auch gegen die feindliche Bevölkerung, und das auf allen Ebenen – militärisch, ökonomisch und propagandistisch. Wie ist es dazu gekommen?

Der Weg in den totalen Krieg begann bereits mit der Französischen Revolution. Während die Fürsten des 18. Jahrhunderts Söldner einsetzten und der normale Bürger nur dann etwas vom Kriege merkte, wenn die Schlachten zufällig in seiner Nähe stattfanden, ist jetzt das ganze Volk zum Kampf aufgerufen: „Allons enfants de la patrie", „Auf, Kinder des Vaterlandes" – so ruft dieses mitreißende Lied, noch heute die französische Nationalhymne, die Bevölkerung zu den Waffen. Von nun an konnten die Kriege nicht mehr ohne die Zustimmung und aktive Bereitschaft des Volkes, das die Soldaten stellt und die Waffen produziert, geführt werden. Wenn es seiner Führung nicht mehr bedingungslos folgte, mußte der Kampf eingestellt werden. Daher galt es, den Gegner nicht nur militärisch zu schlagen, sondern dessen Bevölkerung durch Bombardierungen, Wirtschaftsschikanen und Propaganda zu demoralisieren. Sind die technischem Mittel erst vervollkommnet – und das war im Ersten Weltkrieg bereits weitgehend der Fall – scheinen einer solchen Kriegführung keine Grenzen mehr gesetzt.

Zum totalen Krieg gehörte aber noch ein anderer Aspekt, auf den der antidemokratische Staatstheoretiker Carl Schmitt bereits hingewiesen hatte: „Krieg kann total sein im Sinne der äußersten Kraftanspannung und des äußersten Einsatzes aller, auch der letzten Reserven" („Totaler Feind, totaler Krieg, totaler Staat", 1937). General Erich Ludendorff („Der totale Krieg", 1935) und der nationalistische Schriftsteller Erich Jünger („Die totale Mobilmachung", 1931) vertraten eine ähnliche Konzeption.

Ein solcher Krieg aber führte zu einer „totalen Politik" (Ludendorff), die durch Wirtschafts- und Presselenkung, Arbeitszwang und Preiskontrollen die Bevölkerung vollständig überwachte und reglementierte. Voraussetzung einer solchen Poltik aber war der „totale Staat", der sich „unterschiedslos in alle Sachgebiete, in alle Sphären des menschlichen Daseins hineinbegibt, der überhaupt keine staatsfreie Sphäre mehr kennt" (Schmitt, „Weiterentwicklung des totalen Staats in Deutschland", 1933). Dieser Staat organisierte Wirtschaft und Gesellschaft, richtete sie auf ein einziges Ziel aus: die vollständige Mobilisierung aller Kräfte für den Krieg. Es handelte sich um eine Vorform des totalitären Staates, wie er sich in Deutschland ab 1933 herausbildete, und es ist bemerkenswert, daß gerade Carl Schmitt, ein überzeugter Nationalsozialist, sowie Erich Ludendorff, General des Weltkriegs und langjähriger politischer Weggenosse Adolf Hitlers, sich intensiv mit dem totalen Staat und dem totalen Krieg beschäftigt haben. Fast alle totalitären Merkmale sind im Staat des Ersten Weltkriegs bereits im Keim vorhanden: das Nachrichten- und Waffenmonopol, die Zentralverwaltungswirtschaft, der alles kontrollierende Polizei- und Militärapparat, die Außerkraftsetzung bestimmter Grundrechte, die Staatsideologie („Ideen von 1914") sowie die unablässige Indoktrinierung des Volkes. Nur das Nachrichtenmonopol war duch die Zulassung von Zeitungen aus dem neutralen Ausland durchbrochen, und die moderne agitatorische Einheitspartei fehlte, obwohl die 1917 gegründete „Deutsche Vaterlandspartei" in gewisser Hinsicht bereits als eine Vorläuferin der NSDAP gelten kann. Es war daher nur folgerichtig, daß der totalitäre Staat des Dritten Reiches von der Frontgeneration des Ersten Weltkriegs organisiert wurden.

Totaler Krieg und totaler Staat waren 1914 noch nicht vorhanden, sondern entwickelten sich erst allmählich während des Krieges. Es gab allerdings in Deutschland bereits vor 1914 eine Instanz, die eine „totale Politik" praktizierte: die Armee. Der Wehrdienst im preußischen Heer diente nicht nur der militärisch-technischen Ausbildung, sondern hatte noch ein weiteres Ziel: den Rekruten zu „schleifen", d. h. seine Persönlichkeit auszulöschen, seine Menschenwürde auf ein Minimum herabzusetzen und ihn zu einem willenlosen Rädchen im „großen Ganzen" zu degradieren. Wie es Heinrich Mann so treffend in seinem Roman „Der Untertan", dieser klassischen Analyse der Wilhelminischen Gesellschaft beschreibt: „Jäh und unabänderlich sank man [beim Wehrdienst] zur Laus herab, zum Bestandteil, zum Rohstoff, an dem ein unermeßlicher Wille knetete. Wahnsinn und Verderben wäre es gewesen, auch nur im geheimsten Herzen sich aufzulehnen". Die Armee als die „Schule der Nation", der Bürger als totales Objekt – das war die Konzeption der Militärs im Kaiserreich. Es war deshalb kein Zufall, daß eine so verstandene „Formierung" der Gesellschaft im Weltkrieg nicht von den zivilen, sondern den militärischen Instanzen vorgenommen wurde. Ihr wichtigstes Mittel war nicht mehr der Wehrdienst, sondern die allumfassende Propaganda, die das ganze Volk erfassen und lenken sollte. Dabei traten neben der klassischen Propagandainstrumente wie Zeitungen, Flugblätter, Broschüren und Vorträge auch die Schallplatte bzw. der Schallzylinder, Fotografie, Bild und in der zweiten Hälfte des Krieges auch der Film. Natürlich gehörte auch die Karikatur dazu. Bevor jedoch ihre spezifische Rolle und Funktion in der Propaganda analysiert wird, sollen die allgemeine Organisation der deutschen Propaganda, ihre Vermittlungsmechanismen, ihre wichtigsten Argumente und Ziele skizziert werden.

Nachdem Kaiser Wilhelm II. am 31. Juli 1914 den Kriegszustand für das Reich (außer Bayern) erklärt hatte, übernahmen aufgrund des preußischen Gesetzes über den Belagerungszustand vom 4. Juni 1851 die Militärbefehlshaber (stellvertretende Generalkommandos) die Funktionen der zivilen Verwaltung und degradierten Oberpräsidenten, Regierungspräsidenten und Landräte zu ihren Erfüllungsgehilfen. Die Militärbefehlshaber waren nur dem Kaiser verantwortlich. Da aber dieser überhaupt keine Koordinierung vornahm und immer weniger in Erscheinung trat, führte die hohe Zahl der Militärbefehlshaber (insgesamt 57 außerhalb Bayerns) zu einer starken Zersplitterung der Exekutive, was eine einheitliche Ausführung der Gesetze behinderte. Jedenfalls wurde durch diese Regelung die Macht in Deutschland von den zivilen auf die militärischen Instanzen verschoben. Die Militärs trafen politische Entscheidungen, sie kümmerten sich um Preis- und Lohnfestsetzung und regelten die Lebensbedingungen der Bevölkerung. Eine ihrer Hauptaufgaben aber war die Überwachung des öffentlichen Lebens. Da die Meinungsfreiheit, also das Recht, durch Wort, Schrift und Bild seine Meinung frei zu äußern, durch Artikel 5 des preußischen Belagerungsgesetzes ausdrücklich eingeschränkt wurde, zensierten die Militärs Presse, Post und Telegramme und beschränkten das Vereins- und Versammlungswesen.

Die Koordination der Pressepolitik übernahm die Sektion III B, die Nachrichten- und Spionageabteilung des Generalstabs in Berlin unter der Leitung von Major, später Oberst Walter Nicolai. Der Chef der Pressestelle war Major Erhard E. Deutelmoser. Diese Abteilung veranstaltete die täglichen Pressekonferenzen des Generalstabs und organisierte die Oberzensurstelle. Die letzte Entscheidung über einzelne Zensurmaßnahmen trafen aber die örtlichen Militärbefehlshaber. Alle Informationen militärischen Inhalts der offiziellen deutschen Nachrichtenagentur Wolff wurden zensiert, wobei die Grenzen zwischen militärischen und politischen Nachrichten fließend waren. Es konnten auch im Nachhinein Artikel beanstandet und gegebenenfalls berichtigt oder unterdrückt werden (Nachzensur).

Was wurde konkret von der Zensur gestrichen? Alles, was dem Feind militärische, politische und wirtschaftliche Aufschlüsse über die Situation in Deutschland geben konnte. Ferner war die Rücksichtnahme auf die Stimmung der Zivilbevölkerung vorgeschrieben. Alles, was die Menschen unnötig beunruhigen oder erregen konnte, wurde verboten. Dazu gehörten grundsätzliche Erörterungen über den Krieg und seine Konsequenzen, über Höhe und Deckung der Kriegskosten sowie zunächst auch über die Kriegsziele. Außerdem durften die Artikel nicht das Einvernehmen zwischen den Klassen und Ständen stören, zu dem sich alle Parteien und Organisationen im „Burgfrieden" zu Beginn des Krieges verpflichtet hatten. Ungünstige Nachrichten wurden verschwiegen, verzögert oder bemäntelt, und man scheute auch nicht vor offensichtlichen Falschmeldungen zurück. Als sich nach dem ungünstigen Ausgang der Marneschlacht im September 1914 das deutsche Heer unter Zurücklassung von 30 Geschützen und 50 000 Gefangenen zurückziehen mußte, meldete der Heeresbericht eine strategische Rücknahme des rechten Flügels, die Erbeutung von 50 Geschützen und die Gefangennahme von einigen tausend französischen Soldaten.

Diese Maßnahmen waren noch relativ zurückhaltend. Eine wirklich offensive Pressepolitik, die die Bevölkerung bewußt für den Krieg mobilisierte und zum Durchhalten antrieb, brach sich erst allmählich Bahn. Am 18. Oktober 1915 wurde das Kriegspresseamt unter Major Deutelmoser gegründet. Es war ebenfalls der Abteilung III B unterstellt und sollte der Obersten Heeresleitung den notwendigen Einfluß auf die Presse sichern. Doch noch im Jahre 1916 erschien den offiziellen Lenkern die Propaganda vielfach unzureichend. Der endgültige Übergang von einer mehr defensiven Nachrichtenpolitik zur offensiven Propaganda im Sinne einer völligen Manipulierung der öffentlichen Meinung erfolgte erst unter der Dritten Obersten Heeresleitung im Jahre 1917, als die zunehmende Mißstimmung in der Bevölkerung infolge der Länge des Krieges und der elenden Versorgungslage nicht mehr zu übersehen war. Die treibende Kraft war der dem Oberkommandierenden General Paul von Hindenburg beigeordnete Generalquartiermeister Erich Ludendorff. In einem Schreiben vom 31. Juli 1917 an die Chefs des Stabes der Heeresgruppen stellte er fest, daß Egoismus, Flaumacherei, Pessimismus und Pflichtvergessenheit in Deutschland überhand nahmen und sich die Stimmung in der Heimat radikal verschlechtert hatte. Ludendorff führte diese Entwicklung auf „die zielbewußte Agitation gewisser staatszerstörender Elemente" zurück. Um das geschwundene Vertrauen wieder herzustellen, bedürfe es daher einer wirksamen Propagandatätigkeit. Bereits ab April 1917 wurde das Kriegspresseamt zu einer riesigen Propagandaabteilung ausgebaut, die Hunderte von Offizieren und unzählige Schriftsteller, Karikaturisten, Maler, Photographen und Techniker beschäftigte. Auch die Militärbefehlshaber wurden nun auf die Propagandarichtlinien des Kriegspresseamtes eingeschworen, behielten aber weiterhin ihre Eigenständigkeit in der praktischen Durchführung.

General Ludendorff erkannte frühzeitig die Möglichkeiten des Films als Propagandainstrument. Auf seine Initiative wurde im Dezember 1917 die UfA-Filmgesellschaft gegründet und die Produktion von Kriegspropagandafilmen außerordentlich gefördert.

Ab Sommer 1917 wurden in der Armee selbst regelmäßige Propagandaveranstaltungen unter dem Namen „Vaterländischer Unterricht" eingeführt. Geld spielte dabei keine Rolle. In einem Schreiben hieß es dazu lapidar: „Der Geld-Etat für den Vaterländischen Unterricht ist nicht limitiert". Das Kriegspresseamt hatte die Aufsicht über alle Armeezeitungen, überwachte die gesamte Kriegsberichterstattung von der Front, entwarf Richtlinien für die Nachrichtensteuerung, verfaßte Broschüren und Flugblätter und wurde so zur zentralen militärischen Stelle für die psychologische Kriegsführung.

Allerdings war diese Kontrolle der öffentlichen Meinung nicht umfassend. Sie wurde durch die Zulassung von Zeitungen aus dem neutralen Ausland durchbrochen, ferner durch den allerdings nicht immer korrekten Abdruck feindlicher Heeresberichte sowie durch die freie Berichterstattung über die Reichtstagssitzungen. Zudem hatten verschiedene Reichsämter, u. a. das Reichsmarineamt und insbesondere das Auswärtige Amt, ihre eigenen Presseabteilungen. Wichtig für die Propaganda im Ausland war die im Auswärtigen Amt im Oktober 1914 errichtete „Zentralstelle für Auslandsdienst". Sie beobachtete die feindliche Presse und erstellte und verteilte Propagandamaterial an das Ausland. Allerdings schaltete sich die Oberste Heeresleitung bald ebenfalls in die Auslandsarbeit ein. Am 1. Juli 1916 wurde die „Militärische Stelle des Auswärtigen Amtes" unter Oberstleutnant Hans von Haeften, dem späteren Präsidenten des Reichsarchivs, errichtet. Sie war formell der Nachrichtenabteilung des Auswärtigen Amtes angegliedert, unterstand aber der Abteilung III B des Generalstabes des Feldheeres. Unter der 3. Obersten Heeresleitung wurde die Abteilung offiziell dem Chef des Generalstabes unterstellt und als „Auslandsabteilung der Obersten Heeresleitung" ganz vom Auswärtigen Amt getrennt. Haeften zog bald die gesamte militärische und kriegswirtschaftliche Auslandspropaganda an sich. Aber damit war der Kompetenzstreit mit den übrigen Pressestellen nicht beendet. Am 9. September 1917 gründete Reichskanzler Georg Michaelis eine Zentralstelle des reichsamtlichen Pressedienstes in der Reichskanzlei, im Februar 1918 vereinigte sein Nachfolger Georg Graf von Hertling diese Stelle mit der Presseabteilung des Auswärtigen Amtes zur „Vereinigten Presseabteilung der Reichsregierung" unter Major Deutelmoser, dem früheren Leiter des Kriegspresseamtes. Diese neue Abteilung veranstaltete Pressekonferenzen sowie Besprechungen mit einzelnen Journalisten und suchte auf diesem Weg den Einfluß der Militärs zurückzudrängen. Die Oberste Heeresleitung schlug daraufhin die Errichtung eines Reichspropagandaamtes unter einem Staatssekretär vor, um den Einfluß des Reichskanzlers zu beschränken. Es kam schließlich zu einem Kompromiß. Am 29. August 1918 wurde die „Zentralstelle für Werbe- und Aufklärungsdienst für das In- und Ausland" gegründet. Während Deutelmoser die politischen Fragen bearbeitete, übernahm Oberst von Haeften als Vertrauensmann Ludendorffs die militärischen Angelegenheiten. Damit war der Einfluß der Obersten Heeresleitung auf die Nachrichten- und Propagandapolitik der Reichsregierung wiederhergestellt. Haeften war ab Frühjahr 1918 die beherrschende Figur in der Propagandapolitik der Obersten Heeresleitung, während Oberstleutnant Nicolai wegen Meinungsverschiedenheiten mit Ludendorff in den Hintergrund trat.

Unabhängig von dem Kompetenzstreit der Presseabteilungen war die Durchführung der Propaganda bzw. des „Vaterländischen Unterrichts" im zivilen Bereich den örtlichen Militärbefehlshabern überlassen. Diese beauftragten spezielle Aufklärungs- oder Nachrichtenoffiziere (auch „Unterrichtsoffiziere" genannt) mit der praktischen Arbeit. Auch bei der Truppe wurden Nachrichtenoffizieren eingesetzt, die mindestens einmal wöchlich entsprechende Unterrichtsstunden für die Soldaten abhielten. Problematisch war dabei, daß es sich meistens um ältere inaktive Offiziere handelte, die sich nicht immer für diese Aufgabe eigneten. Im zivilen Bereich arbeiteten diese Offiziere im allgemeinen eng mit den jeweiligen Landes- und Bezirksbehörden (Kultusministerien, Schulinspektionen) zusammen. In manchen Generalkommandos wurden für die praktische Arbeit auch formelle Kreis-, Orts- und Bezirksausschüsse geschaffen, in denen Offiziere, örtliche Beamte sowie Vertreter von Geistlichkeit, Industrie, Presse und Arbeiterschaft zusammenarbeiteten.

Als Instrumente der Propaganda im militärischen Bereich dienten zunächst Armeezeitungen, Feldpredigten, Feldbücherein, Vorträge, aber auch Feldkinos, Theateraufführungen (mit vaterländischen Stücken natürlich), Schützengrabenbücher, Propagandabroschüren, Plakate und Bilderbögen ähnlich dem „Neuruppiner Bilderbogen", einer Art Vorläufer der heutigen comic strips. Bemerkenswert für den autoritären Charakter dieser Indoktrination war eine Anordnung Ludendorffs: „Bei der Aufklärungsarbeit ist eine Diskussion nicht zuzulassen".

Bei der Zivilbevölkerung konnte man nicht so rigoros vorgehen. Hier wurden Broschüren verteilt mit Titeln wie

„Kriegerfrauen! Helft euren Männern den Sieg gewinnen!" oder „Auf zum Endkampf" und „Was der Feind will". Die Auflagen dieser vom Kriegspresseamt veröffentlichten Broschüren erreichten jeweils bis zu 11 Millionen Exemplaren. Auch zwei spezielle Kriegszeitungen, die „Deutschen Kriegsnachrichten" und die „Deutsche Kriegswochenschau" wurden gedruckt. Um sicher zu gehen, daß diese Blättchen auch jeden erreichten, wurden sie in manchen Gegenden zusammen mit den Lebensmittelkarten ausgegeben. Außerdem wurden sie in Geschäften, Fabrikeingängen, Bahnhöfen und Straßenbahnwaggons verteilt.

Frühzeitig erkannten aber die zuständigen Nachrichtenoffiziere, daß das geschriebene Wort als einzige Informationsquelle nicht mehr ausreiche. Viele Leute lasen nichts oder glaubten nicht mehr, was sie lasen. Daher wurden auch das Theater sowie die neuen Medien Film, Photographie und Schallplatte „der großen Sache dienstbar" gemacht, wie es Oberstleutnant von Haeften in einer Besprechung ausdrückte. Am wichtigsten aber erschien das gesprochene Wort. In einer Besprechung mit den Militärs erklärte der ostpreußische Schriftsteller und Bestsellerautor Hermann Sudermann, Vizepräsident des „Bundes deutscher Gelehrten und Künstler" („Kulturbund") am 24. Juni 1916: „Der Weg zum Volk kann nur durch Reden gefunden werden. Hierfür sind Redner notwendig, die zum Teil aus hervorragenden Persönlichkeiten aller Berufsstände bestehen werden, zum Teil aber erst in Rednerschulen herangebildet werden. Der rednerische Stoff muß gesammelt und in einem Buch festgelegt werden".

Die Nachrichtenoffiziere sprachen in den wenigsten Fällen selbst zur Bevölkerung, sondern schickten die „geistigen Führer des Volkes" vor. Geistliche beider Konfessionen, Lehrer und Gelehrte, auch vaterländische Organisationen wie Krieger- und Frauenvereine wurden eingespannt. Ganz besonderen Wert legt man auf die Mitarbeit der Schulen, da man über die Schulkinder indirekt die Eltern zu erreichen hoffte. Auch Fronturlauber konnten zu Propagandisten werden. Das Problem war jedoch, daß die meisten von ihnen die schlechte Lage im Felde nicht beschönigten und dadurch die Mißstimmung in der Heimat noch verstärkten. Um diese ungünstigen Einflüsse zu bekämpfen, traten die Militärs an einzelne „gutgesinnte" und „gebildete" Frontsoldaten heran und setzten sie systematisch für Vorträge und „Mundpropaganda" ein. Diese Vertrauensmänner wurden dann durch verlängerten Urlaub belohnt. In einzelnen Fällen ließ man sich sogar von Unternehmern die Namen von „zuverlässigen" Arbeitern geben und forderte sie für Propagandazwecke zurück von der Front. So warb ein Gefreiter, der im Frieden Gewerkschaftsfunktionär und Wirt war, um Gewerkschaftskreise, ein Postbeamter beruhigte die unzufriedenen durch die Kriegsteuerung proletarisierten unteren Beamten.

In den einschlägigen Besprechungen wurde immer wieder betont, daß es nicht leicht sei, an die Arbeiter heranzukommen. An einer Stelle hieß es: „Man kommt nicht an die Arbeiter heran, indem man selber als Redner auftritt, sondern man muß die Führer zu gewinnen suchen". Solche Gewerkschaftsführer sowie die Geistlichen und Lehrer wurden reichlich mit Schulungs- und Rednermaterial versorgt. In manchen Fällen – das Vorgehen war in den einzelnen Generalkommandos unterschiedlich – hielten die Nachrichtenoffiziere mehrtägige Propagandaseminare mit Gewerkschaftsvertretern ab, diskutierten mit ihnen über Ernährungsprobleme, Kriegs- und Rohstoffwirtschaft sowie über die militärische Lage und zeigten ihnen, wie sie den Klagen der Arbeiter begegnen konnten.

Die Propagandisten differenzierten sorgfältig nach Zielgruppen. Deutsche Journalisten wurden durch die Kriegspressekonferenzen und durch vorbereitete Artikel des Kriegspresseamtes mit Material versorgt, neutrale Journalisten zusätzlich an die Front und in die besetzten Gebiete eingeladen und bei namhaften Persönlichkeiten eingeführt. Bei der Propaganda für die Heimatfront wurde unterschieden zwischen der Beeinflussung der breiten Masse, deren Mißstimmung fast ausschließlich auf die Ernährungsschwierigkeiten zurückzuführen war, und der „intelligenteren mehr politisch denkenden Bevölkerung". So drängte ein Generalkommando darauf, daß bestimmte Leckerbissen und andere für das Volk unerschwingliche Nahrungsmittel nicht in Schaufenstern ausgestellt oder von Journalisten fotografiert wurden. Bei der Beeinflussung der Arbeiter stützten sich die Militärs möglichst auf Funktionäre der Mehrheitssozialisten und der Gewerkschaften, die mit der Regierung zusammenarbeiteten. So hieß es in einem Erlaß des Bayerischen Kriegsministeriums vom 11. August 1917: „Hohe Löhne, die straffe Organisation und der starke Einfluß der Führer der sozialdemokratischen Mehrheitspartei, sowie der freien, christlichen und Hirsch-Dunckerschen Gewerkschaften stützten und stärken ihren (der Arbeiter) Willen zum Aushalten so nachhaltig, daß – wenigstens in Bayern – von dieser Seite her ein Nachlassen der seelischen Widerstandskraft zunächst nicht zu befürchten ist". Schwerer als die Arbeiter litten der Mittelstand, kleine Gewerbebetreibende und schlecht bezahlte Beamte, die infolge der unablässig steigenden Lebenshaltungskosten wirtschaftlich proletarisiert wurden. Nach dem großen Streik im Januar 1918 wurde einer speziellen Antistreikpropaganda große Aufmerksamkeit geschenkt.

Was waren die Ziele der Propaganda? Das größte Problem des Krieges für die Zivilbevölkerung war die durch die englische Blockade und andere Faktoren verursachte Lebensmittelknappheit, die zu einer unvorstellbaren Verelendung der breiten Massen und zu mindestens 700 000 Hungertoten geführt hatte. Die Propaganda gestand diese wirtschaftlichen Probleme offen und erklärte sie mit dem Handelsneid Englands und die beschränkten Möglichkeiten der deutschen Flotte. Immer wieder wurde auch das allerdings nur für Rußland zutreffende Argument hervorgehoben, daß die Kriegsgegner genauso schlecht oder noch schlechter versorgt seien. Deutschland könne jedoch seine wirtschaftlichen Nachteile durch Erfindungsgeist und verstärkten Arbeitseifer ausgleichen. Weiteres „Arbeiten und Ausharren" wurde eingeschärft, um nicht den Siegespreis für die bisherigen Opfer und Entbehrungen einbüßen zu müssen.

Bei der Erörterung der Kriegsursachen wurde betont, daß Deutschland einen Verteidigungskrieg führe, der ihm durch den Neid Englands, die Revanchelust Frankreichs und die Ausdehnungsbestrebungen Rußlands aufgezwungen worden sei.

Ein weiterer Schwerpunkt der Propaganda betraf die militärische Situation. Hier konnte immerhin darauf verwiesen werden, daß Deutschland in Ost und West weite feindliche Gebiete besetzt hielt. Die Propaganda hob die Leistungen des deutschen Heeres und seiner Verbündeten hervor, gab allerdings zu, daß der Gegner an Menschenzahl und Kriegsgerät überlegen war. Trotzdem habe der Gegner den deutschen Truppen nicht standhalten können, weil sie besser geführt worden seien. Der Krieg sei daher praktisch schon gewonnen: „Die Entscheidung ist schon zu unseren Gunsten gefallen. Es gilt, sie endgültig zu sichern". Die bisherigen Erfolge rechtfertigten das Vertrauen zur militärischen Führung und zu Kaiser und Reich. Fazit: „Führung und Unterordnung sind die zuverlässigsten Faktoren des Erfolges". Gegenüber der Propaganda der Unabhängigen Sozialdemokraten und des Spartakusbundes für einen Verständigungsfrieden unterstrich die Propaganda, welche unzumutbare Bedingungen Deutschland bei einem „Frieden um jeden Preis" oder nach einem verlorenen Krieg von den Alliierten zu erwarten hätte. Dabei wurde sehr geschickt die Beziehung zwischen Frieden und Ernährungsgrundlage hergestellt. Bei einem schlechten Frieden käme das wirtschaftliche Leben nicht mehr in Gang, und die Arbeiter könnten die Lebensmittelpreise nicht mehr bezahlen. Fazit: Wir müssen jetzt weiter entbehren, um in einem guten Frieden etwas zu bekommen.

Ein weiteres wichtiges Argument betonte die Überlegenheit der deutschen Kultur. Angesichts der Ententepropaganda, die gegen den preußischen Militarismus und „Kaiserismus" einen Kreuzzug für Freiheit und Demokratie führte, wurde behauptet, daß sich die deutschen Institutionen im Krieg bewährt hätten. Dabei wurde der alte deutsche Gegensatz zwischen Kultur als positivem ästhetischen Wert gegenüber der Zivilisation als negativer Verkörperung von Mechanisierung und Technisierung ins Politische gewendet und die hohe deutsche Kultur mit der verkommenen westlichen Zivilisation kontrastiert. Die Alliierten argumentierten ähnlich, natürlich mit umgekehrten Vorzeichen.

Wichtig war auch die Mahnung zu Einigkeit und Geschlossenheit. Die zunehmende Mißstimmung der hungernden Bevölkerung gegen Kriegsgewinnler und Rüstungsfabrikanten drohte den „Burgfrieden" und damit die Fortsetzung des totalen Krieges zu gefährden. Ludendorff schreibt dazu 1935 in seinem Buch über den Totalen Krieg: „Seelische Geschlossenheit des Volkes [ist] die Grundlage des totalen Krieges".

Des weiteren zielte die Propaganda darauf eine stärkere Mobilisierung gegen den äußeren Feind, der als Sündenbock für alle Schwierigkeiten herhalten mußte. Wörtlich heißt es in einer Anweisung: „Der Groll über die Nöte und Lasten des Krieges muß von den Verhältnissen im Innern ab- und gegen England und seine Verbündeten gelenkt werden, die uns vernichten wollen".

Auch die Mobilisierung gegen den inneren Feind wurde nicht vergessen, obwohl sie eine relativ geringe Rolle spielte, vielleicht, um den inneren Frieden nicht zu gefährden. Im Vordergrund stand die Propaganda gegen die Miesmacher, die durch nutzloses Klagen den Krieg nur verlängerten. Ab 1918 wurde die Propaganda gegen die zunehmenden Streiks immer wichtiger: „Streik in dieser Zeit ist Vaterlandsverrat und Brudermord". Auch Wucherer und Hamsterer, die die Versorgungsprobleme verschärfen, wurden als Feinde der Gemeinschaft gebrandmarkt. Ein Argument kehrt immer wieder: die einzelnen müßten vor dem „großen Ganzen", die eigenen Interessen vor dem gemeinsamen Ziel zurücktreten. Im Dritten Reich heißt es später: „Du bist nichts, dein Volk ist alles".

Die Alliierten hatten ebenfalls ihre Propagandaabteilungen. Als besonders effektiv galt die englische Propaganda. Das englische Pressebüro war zunächst eine relativ kleine Organisation, die sich insbesondere auf die Beeinflussung der Londoner Presse konzentrierte und im allgemeinen auf eine enge Zusammenarbeit mit den Journalisten angewiesen war. Die Richtlinien für die Berichterstattung wurden in informellen Besprechungen zwischen Regierungsvertretern und Herausgebern festgelegt. Das Gesetz über die Verteidigung des Reiches („Defense of the Realm Act") sah – ähnlich wie die deutschen Bestimmungen – vor, daß keine Informationen über militärische Bewegungen und Positionen gegeben werden und keine Nachrichten erscheinen durften, die dem Gegner nützen könnten. Auch in England wurden ungünstige Nachrichten verschwiegen, verzögert oder bemäntelt. Die Propaganda richtete sich, sehr viel stärker als in Deutschland, an die eigene Bevölkerung, aber auch an das neutrale Ausland und insbesondere ab 1918 in steigendem Maße an die deutschen Soldaten. Eines der wichtigsten Argumente der englischen Propaganda lautete, daß England zum Schutz Belgiens und der kleinen Nationen, die von dem deutschen Militarismus bedroht wurden, in den Krieg eingetreten ist. Außerdem konzentrierte sich die englische Propaganda darauf, ein Schreckensbild der Deutschen zu entwerfen, für das die Greuel der deutschen Besatzungsherrschaft hinreichend Anschauung lieferten. Die englischen Flieger warfen Flugblätter über den deutschen Linien ab, weiteres Propagandamaterial wurde mit Ballons und Granaten expediert. Mit der Ernennung des englischen Pressezaren Lord Alfred Northcliffe zum Leiter des Büros für Feindpropaganda („Director of Propaganda in Enemy Countries") im Februar 1918 wurde die alliierte Aktivität in Deutschland außerordentlich verstärkt. Im Sommer und Herbst 1918 wurden täglich ca. 100 000 Flugblätter abgeworfen. Diese Propagandaoffensive scheint beim Zusammenbruch der österreichischen Front in Italien und beim Rückzug der deutschen Truppen im Sommer 1918 eine gewisse, wohl aber zeitweise stark überschätzte, Rolle gespielt zu haben.

In den Akten der mit der Propaganda betrauten deutschen Dienststellen werden Karikaturen selten erwähnt. Immerhin wies der Leiter des Pressereferats des bayerischen Kriegsministeriums, von Sonnenburg, in einer Aufzeichnung vom 5. Dezember 1916 auf die Witzblätter hin und erklärte: „So ist beispielsweise der Kanzlerhetze [d. h. der Hetze gegen den Reichskanzler Theobald von Bethmann Hollweg] in Bayern durch die Witzblätter (Jugend, Simplicissimus) sicherlich mehr Wind aus den Segeln genommen worden, als durch noch so glänzend geschriebene Aufsätze in den Tagesblättern. Gelingt es eine Sache lächerlich zu machen, so wird sie viel früher getötet, als wie durch lange Argumente". Ähnlich heißt es in einer Studie aus den dreißiger Jahren über den niederländischen Karikaturisten Louis Raemakers, der mit seinen Zeichnungen die englische Propaganda gegen Deutschland unterstützte und dafür Geld und hohe alliierte Auszeichnungen erhielt: „Raemakers Zeichnungen hatten mehr Propagandawert als ganze Bände englischer Propagandaliteratur zusammen".

Die Karikaturen hatten in der Presse des Kaiserreichs einen weitaus höheren Stellenwert als heutzutage. Während die Karikaturisten der Gegenwart nur mit ein bis zwei Zeichnungen in Tageszeitungen vertreten sind und auch in Wochenzeitungen und Illustrierten ein ausgesprochenes Schattendasein führen, gab es damals in Deutschland ein knappes Dutzend wöchentlich erscheinender Zeitschriften, die ausschließlich Karikaturen und Satiren veröffentlichten und die auch von weiten Kreisen der Bevölkerung gelesen wurden. Der „Simplicissimus", der als einzige dieser Zeitschriften in den fünfziger und sechziger Jahren noch einmal ein kurzes Come-back versuchte, war sicherlich die bekannteste, aber auch andere Zeitschriften wie die „Lustigen Blätter", der „Ulk" oder der „Kladderadatsch" waren weit verbreitet. Auch in den anderen Ländern gab es zahlreiche Karikaturzeitschriften, von denen heute auch nur noch der englische „Punch" in einer sehr gewandelten Form als Unterhaltungsmagazin überlebt. Während die Karikaturisten vor dem Krieg im allgemeinen Regierung und Gesellschaft satirisch verfremdeten und kritisierten, unterstützten sie nach Kriegsausbruch wie die meisten übrigen Journalisten vorbehaltslos die Regierung. Selbst die sozialdemokratische Karikaturenzeitschrift „Der Wahre Jacob" legte sich auf diesen Kurs fest, verlor allerdings dadurch auch die Hälfte ihrer Leser. Die Karikaturenzeitschrifen wurden genauso wie die übrige Presse von der Zensur überwacht, folgten den offiziellen Presserichtlinien und hatten das gleiche Ziel, die Bevölkerung für den Krieg zu mobilisieren und sie zu weiterem Durchhalten aufzurufen. Bei Verstößen wurden sie ebenso unnachsichtig wie andere Presseorgane von Streichungen durch die Zensur betroffen. Selbst in neutralen Ländern kam es zu Prozessen gegen Zeichner. So mußte sich zum Beispiel der Schweizer Karikaturist Pierre Châtillon für seine Darstellung Kaiser Wilhelms II. als Schlächter vor dem militärischen Bundesgericht der Schweiz verantworten.

Wenn auch die Karikatur in Tendenz und Aussage der allgemeinen Propagandalinie verpflichtet war, so unterschied sie sich doch in ihrer Wirkung von den anderen Medien und gebrauchte zum Teil ganz subtile Indoktrinierungsmechanismen, die dem geschriebenen und gesprochenen Wort nicht zur Verfügung standen. Es soll jetzt anhand der wichtigsten Themen die besondere Technik und Funktion der Karikaturen demonstriert werden.

Der erste Themenbereich zeigt die wichtigsten Staatsmänner und Generäle der Entente und der Mittelmächte. Die Vertreter des Kriegsgegners waren im allgemeinen mit negativen Attributen ausgestattet oder wurden durch komische Übertreibung „herabgesetzt". Durch diese „Personifizierung des Kriegsgegners wurde der Haß gegen eine greifbare Person gelenkt und dann durch emotionale Verschiebung auf das feindliche Land als Ganzes übertragen. Allerdings brauchte die Karikatur auch ein günstiges Objekt. Der englische Außenminister Sir Edward Grey eignete sich infolge seiner unvorteilhaften Physiognomie ganz hervorragend für negativ geladene Karikaturen und wurde in Deutschland zum am häufigsten porträtierten Staatsmann des ganzen Weltkrieges. Nach seinem Rücktritt im Dezember 1916 wichen die Zeichner nicht auf den englischen Premierminister David Lloyd George aus, weil dieser viel zu jovial und sympathisch wirkte, sondern ersetzten Grey durch die abstoßende englische Symbolfigur „John Bull". In ähnlicher Weise wurde in der alliierten Karikatur der Haß auf den deutschen Kaiser Wilhelm II. und seinen ältesten Sohn, den Kronprinzen Wilhelm, gelenkt. Umgekehrt bezweckte in der deutschen Karikatur die positive Herausstellung der Vaterfigur des deutschen Oberkommandierenden Paul von Hindenburg, das Vertrauen der Bevölkerung zu stärken. Hindenburgs Person strömte Zuversicht aus und verbürgte den Endsieg, während der Kaiser diese Funktion nicht mehr erfüllte und daher in der deutschen Karikatur völlig in den Hintergrund trat.

Ein bemerkenswertes Beispiel für die spezifische Wirkung der Karikatur ist die Zeichnung über den Kriegseintritt Rumäniens (Tafel 17 Nr. 4), der insbesondere von der militärischen Führung Deutschlands (Ludendorff) zunächst als eine Katastrophe angesehen wurde. In der Karikatur besteigt Rumänien als Ratte das sinkende Schiff der Alliierten. Normalerweise verlassen die Ratten ein sinkendes Schiff, das Bild ist also keineswegs logisch, suggeriert aber trotzdem und vielleicht gerade wegen des überraschenden Paradoxons die gewünschte Assoziation, daß die Entente militärisch und politisch am Ende sei. So gelingt es der Karikatur allein durch die Bildwirkung, einen ausgesprochenen Erfolg der Alliierten in eine Niederlage umzudeuten. Da das menschliche Unterbewußtsein nicht logisch denkt, sondern mit Verschiebung arbeitet, konnte eine solche Karikatur eine starke Wirkung entfalten, wenn sie erst die Zone der kritischen Reflexion passiert hatte und ins Unterbewußte eingedrungen war. Ein solches Bild konnte durch seine starke Suggestionskraft die kritische Reflexion des normalen Lesers ausschalten. Wo aber die Emotion statt des Intellekts spricht, hat die Propaganda gewonnenes Spiel.

Die Ereignisse an der Front sind natürlich in jedem Krieg wichtig, da nicht nur die Existenz der Soldaten, sondern auch das Denken ihrer Angehörigen auf die militärische Auseinandersetzung fixiert ist. Die Aufgabe der Propaganda, der Bevölkerung Siegeszuversicht zu suggerieren, wurde durch die Karikatur leichter bewältigt als durch einschlägige Artikel, weil die Jammerbilder der feindlichen Soldaten ohne zusätzliche Erklärung selbständig wirkten: Die Franzosen sind unfähig und eitel, die Russen können nicht lesen und sind ständig betrunken, die Engländer zu verweichlicht, um wirklich Krieg führen zu können. Die feindliche Karikatur konnte angesichts der unbestreitbaren militärischen Erfolge der Deutschen nicht mit gleicher Münze heimzahlen und hielt sich daher an echte oder erfundene Greueltaten der Deutschen. Indem sie den deutschen Soldaten als Räuber, Brandstifter, Vergewaltiger und Mörder zeichnete, verstärkte sie den Haß der eigenen Bevölkerung und natürlich auch des neutralen Auslands gegen die deutschen „Barbaren".

Die Karikatur hatte die wichtige Aufgabe, das schreckliche Vegetieren der Soldaten in den Schützengräben durch freundlichere Bilder zu beschönigen. Indem der Humor das Grauen des Schützengrabens ins Lustige oder Angenehme wendete, erfüllte er seine Funktion als eine Abwehr gegen Angst und Leiden. Kein anderes Propagandamittel war dazu in der Lage.

Sigmund Freud schreibt zu einer solchen Herabsetzungstechnik: „Indem wir den Feind klein, niedrig, verächtlich, komisch machen, schaffen wir uns auf einem Umweg den Genuß seiner Überwindung" (Der Witz und seine Beziehung zum Unbewußten).

Die meisten Karikaturen waren der Heimatfront gewidmet. Hier gilt es, die Entbehrungen des Krieges, vor allem die schlechte Versorgungslage zu entschuldigen oder zu überspielen. Ganz im Sinne der Instruktionen der Propagandaabteilung wurden hier zunächst im Bild die Leiden des Gegners gezeigt und dadurch eine gewisse Erleichterung und Befriedigung geschaffen. Die alliierte Karikatur, insbesondere die französische, arbeitete mit dem gleichen Mittel. Darüber hinaus wirkte die Karikatur wie ein Blitzableiter. Der Zorn über die unerträglichen Zustände wurde von der dafür verantwortlichen Regierung weggelenkt und auf bestimmte Personen abgewälzt, die eine gewisse Mitschuld trifft: Lebensmittelwucherer, Kriegsgewinnler und Hamsterer. Natürlich konnte die Not auch humoristisch verfremdet werden.

Das letzte große Kaptiel ist dem „Krieg der Kulturen" gewidmet. Hier wurde wie in den anderen Propagandamedien die Überlegenheit der eigenen Kultur gegen die Kritik der Alliierten verteidigt und die westliche Zivilisation herabgesetzt. Auch außenpolitische Rechtfertigungsideologien werden illustriert. Während die alliierte Karikatur das Selbstbestimmungsrecht der Völker gegen den deutschen Militarismus postulierte, zeigte die deutsche Karikatur an konkreten Beispielen, daß die Alliierten dieses Prinzip viel stärker verletzten, während Deutschland zum Beispiel die Polen vom zaristischen Joch befreit hatte.

Hat die Propaganda eigentlich Erfolg gehabt? Eine solche Frage ist schwierig zu beantworten, da eine exakte Erfolgskontrolle mit den damaligen Methoden noch nicht vorgenommen werden konnte. Jedenfalls wiesen insbesondere im Jahre 1918 die Berichte immer wieder darauf hin, wie schwierig es sei, die Industriearbeiter zu beeinflussen. Die zahlreichen Streiks dieses Jahres zeigten auch zur Genüge, daß gerade in den Industriegebieten Preußens und Sachsens die Arbeiterschaft dem Einfluß der staatlichen Propaganda immer mehr entglitt. Offensichtlich hatten Elend und Unzufriedenheit Ausmaße erreicht, die auch die beste Propaganda nicht mehr eindämmen konnte. Trotzdem muß eines festgehalten werden. Es waren nicht die Entbehrungen des Krieges, die wie in Rußland zu Hungerunruhen und schließlich zu Revolution und Zusammenbruch führten. In Deutschland brach die Revolution erst aus, nachdem der Krieg bereits verloren war und die Waffenstillstandsverhandlungen kurz vor dem Abschluß standen. Damit hatte auch die Durchhaltepropaganda jede weitere Grundlage verloren. Wenn die Deutschen aber überhaupt vier lange Jahre Not und Entbehrungen ertragen haben, ohne die Regierung hinwegzufegen, so war dies jedenfalls zum Teil ein Verdienst der Propaganda. Sie konnte die Stimmung der Bevölkerung sicher nicht entscheidend verbessern, sie aber zumindest stabilisieren und jedenfalls verhindern, daß die Menschen ganz zur Verzweiflung und zum Aufstand getrieben wurden.

Zum Schluß soll noch ein Beispiel für die bemerkenswerte Langzeitwirkung der Propaganda gegeben werden. Der Kriegsteilnehmer Adolf Hitler hat die deutsche Weltkriegspropaganda zwar stets als völlig wirkungslos charakterisiert, wurde aber doch zumindest in einem wichtigen Punkt von ihr beeinflußt. Er hatte Zeit seines Lebens eine geringe Meinung von den Amerikanern gehabt und sich in den dreißiger Jahren und noch während des Zweiten Weltkrieges, als die Truppen der Vereinigten Staaten ihre militärische Schlagkraft eindrucksvoll unter Beweis stellten, immer wieder verächtlich über sie geäußert. Sie hätten nicht die nötige Kampfmoral und seien bereits im Ersten Weltkrieg nicht besonders hervorgetreten. Diese Beurteilung der Amerikaner lag genau auf die Linie der deutschen Kriegspropaganda, die angesichts des Zustroms frischer amerikanischer Truppen den deutschen Soldaten suggerierte, daß die Amerikaner von zweifelhafter Kampfkraft seien und gar nicht entscheidend in den Krieg eingreifen könnten. Wo der deutsche Soldat tatsächlich mit Amerikanern kämpfen mußte, erkennt er sehr schnell, daß er einer Propagandalüge aufgesessen ist. Wo dies nicht der Fall war, hielten sich solche Klischees länger und konnten selbst den Krieg überdauern.

Propaganda ist eben nur dann wirksam, wenn sie nicht als solche erkannt wird, wenn sie also durch die Zone der kritischen Reflexion hindurchstoßen und das Unterbewußtsein ansprechen kann. Gerade Bild und Zeichnung, natürlich auch das „sprechende Bild" des Films, sind viel mehr als das geschriebene oder gesprochene Wort dazu in der Lage, ideologische Klischees zu suggerieren, die die kritische Reflexion nicht gleich durchschauen kann, insbesondere nicht in Notsituationen, in denen viele nach jedem Strohhalm greifen, um ihre Angst zu bewältigen. Zu der Erkenntnis dieser Gefährdung durch die Propaganda soll an einem ferner liegenden und daher leicht kritisch zu analysierenden Beispiel die vorliegende Ausstellung beitragen.

Eberhard Demm

Ursachen und Anlaß des Krieges

Die Ursachen des Krieges

In Europa stehen sich vor 1914 zwei Mächtekonstellationen gegenüber: der Zweibund Deutschland und Österreich-Ungarn sowie die Triple-Entente Frankreich, Großbritannien und Rußland.

Deutschland drängt nach überseeischen Märkten und Einflußsphären, stößt aber überall auf Frankreich und Großbritannien.

Österreich-Ungarn sucht sich auf dem Balkan auszubreiten, trifft aber auf den Widerstand Rußlands und Serbiens.

Nationalistische und imperialistische Ideologien, der wirtschaftliche Konkurrenzkampf und ein gigantisches Wettrüsten verschärfen die politischen Gegensätze. Der Krieg ist nur eine Frage der Zeit.

1
Das Spiel der Könige.
Jersey Journal, USA, Oktober 1914

2
Im Balkan-Blutmeer.
Simplicissimus, München 13. Juli 1914
Universitätsbibliothek Heidelberg

3
Die Segnungen des Kapitalismus.
Sein Geschenk an die Menschheit: Krieg, wirtschaftliches Elend.
Notenkraker, Amsterdam, 15. August 1914, Nr. 8, S. 33 (Albert Hahn)

4
Befreiung: Der Kampf der Entente gegen Kaiserismus und Militarismus wird auch das deutsche Volk befreien.
Asino, Rom, 6. Mai 1917, Bd. 26, Nr. 18

Der Ausbruch des Krieges

Die Ermordung des österreichischen Thronfolgers Franz Ferdinand durch serbische Terroristen in Sarajewo am 28. Juni 1914 führt zu einem österreichischen Ultimatum, dann zu einer Kriegserklärung an Serbien.

Die Russen unterstützen Serbien, Frankreich und Deutschland stehen zu ihren jeweiligen Verbündeten.

Als die Deutschen aus strategischen Gründen völkerrechtswidrig in Belgien einmarschieren, tritt auch Großbritannien in den Krieg ein.

5
Die europäische Verwirrung.
Cartoon's Magazine, Chicago, Bd. 6, 1914, S. 303

6
Die slawische Gefahr.
Simplicissimus, München, 20. Juli 1914
Universität Heidelberg

7
Erklärung des Kriegszustandes in Berlin, 31. Juli 1914
Bundesarchiv, Bildarchiv

Nr. 5

Die Ursachen des Krieges

8
Europäische Kriegsschauplätze.
Großer Atlas zur Weltgeschichte, Westermann Schulbuchverlag, Braunschweig 1985, S. 148

9
Mächtegruppierung im 1. Weltkrieg.
Großer Historischer Weltatlas, Dritter Teil – Neuzeit, Bayerischer Schulbuch-Verlag, München 1981, S. 67

Nr. 7

Staatsmänner und Generäle

Die Mittelmächte

Deutschland und Österreich-Ungarn finden noch zwei Verbündete, die Türkei und Bulgarien.

10
Die Potsdamer Varietétruppe.

Von links ober nach rechts unten: Bethmann, der König der Kartentrickkünstler (Fettkarte, Tabakkarte, Kartoffelkarte usw.): Theobald von Bethmann Hollweg (1856-1921), von 1909 bis 1917 deutscher Reichskanzler, mit Lebensmittelkarten. Professor Tirpitz, das Unterwasserwunder (Der Professor wird den Haßgesang ganz unter Wasser singen): Alfred von Tirpitz (1849-1930), Großadmiral, von 1897-1916 Staatssekretär des Reichsmarineamtes, befürwortete den uneingeschränkten U-Bootkrieg gegen England. Der Haßgesang gegen England war ein Propagandagedicht des Schriftstellers Ernst Lissauer.

Der furchtlose Ferdinand, Jongleur vom Balkan: Ferdinand I. (1861-1948), von 1887 bis Oktober 1918 König von Bulgarien. Den Beinamen „Der Furchtlose" bekam er, als er nach einem britischen Bombenangriff überstürzt Sofia verließ.

Der berühmte kleine Willy, militärischer Imitator: Deutscher Kronprinz Wilhelm (1882-1951), Zeppelino in seinem sensationellen Sturzflug: Ferdinand Graf von Zeppelin (1838-1917), Erfinder des Zeppelin-Luftschiffes, das zur Bombardierung Englands eingesetzt wurde.

Der berühmteste Nagelschlucker der Welt: Paul von Hindenburg und von Beneckendorff (1847-1934), deutscher Generalfeldmarschall und populärster Heerführer des Weltkriegs, ab August 1916 Oberbefehlshaber des deutschen Heeres. Die Nägel sind vielleicht eine Anspielung auf die im Berliner Tiergarten aufgestellte hölzerne Hindenburgstatue, in die jeder gegen Bezahlung einen Nagel einschlagen durfte.

Das alldeutsche Superwunder in seinem erstaunlichen Balanceakt auf der sich drehenden Erdkugel: Wilhelm II. (1859-1941), von 1888 bis Oktober 1918 Deutscher Kaiser und König von Preußen.

Nr. 10

Staatsmänner und Generäle

Ungarische Rhapsodie von dem altgedienten Tiroler Jodler: Franz Joseph I. (1830-1916), von 1848 bis zu seinem Tode Herrscher der österreichisch-ungarischen Doppelmonarchie.

Der müde Mehmed, Radfahrer von Stambul: Mehmed V. (1844-1918), von 1909-1918 Sultan des Osmanischen Reiches.

Die gewagte Vorstellung auf Stacheldraht, von Tino, dem griechischen Gleichgewichtskünstler: Konstantin I. (1868-1923), von 1913-1917 König von Griechenland, versuchte sein Land im Krieg neutral zu halten, im Juni 1917 auf Druck der Entente zur Abdankung gezwungen.

Punch, London, Almanach 1917, S. 17-18

Die Alliierten

Die wichtigsten Alliierten sind Rußland, Frankreich und Großbritannien.

Ferner kämpfen gegen die Mittelmächte Belgien, Serbien, der südslawische Zwergstaat Montenegro sowie Japan, das aber nur die deutschen Pachtgebiete in China besetzt.

Zu den Alliierten stoßen noch Italien (23. Mai 1915), Portugal (9. März 1916), Rumänien (27. August 1916), Griechenland (27. Juni 1917) und die USA (6. April 1917).

Außerdem erklären auf Druck der Engländer und Amerikaner noch weitere sechzehn Staaten in aller Welt den Mittelmächten den Krieg, ohne allerdings an den Kampfhandlungen teilzunehmen; zu ihnen gehört Thailand (Siam).

11
Varieté-Saison 1914.

Von links oben nach rechts unten: Kunsttaucher: In der Schlacht bei den Masurischen Seen (September 1914) kamen viele russische Soldaten in den Sümpfen und Seen um. Dressurakt: Japan erklärte im August 1914 Deutschland den Krieg, rechts der „dressierende Engländer". John Bull: Englische Symbolfigur mit Zeitungsenten. Peter und Niki: Peter I. (1844-1921), von 1903 bis 1918 König von Serbien: Nikolaus I. (1841-1921), von 1860 bis 1918 Herrscher von Montenegro, beide Länder kämpften im Krieg gegen die Mittelmächte, wurden aber schon Ende 1915 besetzt. Parterreakrobaten: Die von der Leiter fallende Figur soll wohl Belgien darstellen, das Ende 1914 zum größten Teil von deutschen Truppen besetzt ist. Schlottertanz: Anspielung auf die Angst der Pariser vor dem deutschen Einmarsch.

Muskete, Wien, 17. Dezember 1914, S. 93

Nr. 11

12
Siam wird wütend: He schwarzer Adler! Denk nicht, daß der weiße Elephant sich nicht verteidigen kann!

Le Rire, Paris, 11. August 1917

13
Das Land des weißen Elephanten. Die Entente ist gerettet, die siamesischen Zwillinge sind da.

Lustige Blätter, Berlin, 1914, Nr. 34, S. 6

Das Deutsche Reich – Kaiser Wilhelm II.

Das Deutsche Reich ist die führende Industrie- und Militärmacht Europas.

Deutschland ist eine konstitutionelle Monarchie, in der Adel und Militär großen Einfluß haben. Kaiser Wilhelm II.

(1888-1918) kontrolliert Armee und Bürokratie. Er ernennt und entläßt den Reichskanzler aus eigener Machtvollkommenheit.

In der zweiten Kriegshälfte verliert der Kaiser gegenüber den Generälen Hindenburg und Ludendorff stark an Gewicht. In der gegnerischen Karikatur aber bleibt er der wichtigste Vertreter Deutschlands.

14
Der Gesandte Gottes.

L'Europe antiprussienne, Paris, 25. Dezember 1914 (Pierre Chatillon)

15
Zur Rechten des Teufels: Willkommen, Majestät, mein ganzes Personal ist deutsch.

Le Rire, Paris, 25. November 1916, Nr. 106, S. 1 (A. Roubille)

16
Ein Geschäft mit dem Teufel.

Durch Vertrag die gesamte Erde (an den Kaiser) verkauft.

I.O.U. = I owe you: Formel des englischen Schuldscheins. Auf dem Schuldschein steht: mich selbst mit Körper und Seele.

Sullivan, The Kaiser's Garland, 1915, S. 27

17
Heil Dir, todgeweihter Kaiser, die Toten grüßen Dich.

Abwandlung des Grußes der römischen Gladiatoren: Ave Caesar, morituri te salutant (Heil dir, Caesar, die Todgeweihten grüßen dich).

Sullivan, The Kaiser's Garland, 1915, S. 87

18
Kaiser Wilhelm II.

Bundesarchiv, Bildarchiv

Kronprinz Wilhelm

Der deutsche Kronprinz Wilhelm (1882-1951) ist im Krieg Oberbefehlshaber der 5. Armee, seit 1916 der Heeresgruppe „Deutscher Kronprinz".

Er tritt oft in der feindlichen Karikatur auf, hat aber in Wirklichkeit wenig Einfluß.

Außer dekadenten Ausschweifungen wird ihm vor allem die Plünderung eines französischen Schlosses vorgeworfen. Deshalb erscheint er in der Karikatur häufig als Dieb.

19
In der Höhle des Ungeheuers.

Der Kronprinz mit seinen vertrauten Gästen: die Unzucht, die Niedertracht, die Feigheit, die Grausamkeit, der Tod.

La Baionnette, Paris, 22. Juli 1915, Nr. 3, S. 40-41 (Léandre)

20
Der Kronprinz in Paris.

Ein kleiner Besuch im Louvre.

Punch, London, 1917, S. 21 (F.H. Townsend)

21
Der Unteranführer der Banditen. Laßt das Klavier stehen, das kommt aus Deutschland.

L'Anti-Boche, Paris, 6. März 1915 (Clérice)

22
Kronprinz Wilhelm

Bundesarchiv, Bildarchiv

Hindenburg

General Paul von Beneckendorff und von Hindenburg (1847-1934) erringt Ende August 1914 bei Tannenberg in Ostpreußen einen glänzenden Sieg über die Russen. Deshalb genießt er einen geradezu legendären Ruhm als genialer Feldherr. Sein Generalstabschef ist Erich Ludendorff.

Im August 1916 bildet Hindenburg gemeinsam mit Ludendorff die Dritte Oberste Heeresleitung. Seither bestimmt insbesondere Ludendorff in einer Art inoffizieller Militärdiktatur die deutsche Politik.

In der deutschen Propaganda wird Hindenburg als Garant des Sieges aufgebaut; die Gegner versuchen, sein Charisma zu zerstören. Ludendorff erscheint in den Karikaturen fast gar nicht.

23
Hindenburg.

Jugend, München, 1914, Nr. 51, S. 1371

24
Hindys Orden für die Niederlage.

Die Namen auf den Beulen bezeichnen alliierte Generäle.

Hecht, War in Cartoons, New York, S. 131 (Robert W. Satterfield)

25
Hindenburg.

Meggendorfer Blätter, München, 11. März 1915, Nr. 1263

26
Hindenburg, der deutsche Moloch.

Le Petit Journal, Paris, 29. August 1915

27
Hindenburg und Ludendorff.

Bundesarchiv, Bildarchiv

Österreich-Ungarn: Kaiser Franz-Joseph I. und Kaiser Karl I.

Österreich-Ungarn ist eine europäische Großmacht. In diesem Vielvölkerstaat leben 12 Millionen Deutsche, 10 Millionen Ungarn, 24,4 Millionen Slawen, 3,2 Millionen Rumänen und 800 000 Italiener.

Österreich und Ungarn bilden eine Realunion, die Slawen sind aber nicht gleichberechtigt. So kommt es immer wieder zu heftigen Nationalitätenkämpfen.

Kaiser Franz-Joseph I. (1848-1916) ist zu Beginn des Krieges 84 Jahre alt, aber keineswegs senil, wie es die feindliche Propaganda behauptet.

Nach seinem Tode regiert sein Großneffe Karl I. (1887-1922, Kaiser von 1916-1918). Er muß sich dem deutschen Verbündeten unterordnen und blamiert sich durch geheime Friedenskontakte, die von den Franzosen verraten werden.

28
Die Staatskarosse in Österreich.

Der Gesundheitszustand von Franz Joseph hat sich verschlechtert und er leidet an Rückenmarkschwindsucht.

Ruy Blas, Paris, 29. August 1915 (Merger)

29
Disziplin.

Karl Habsburg: „Ich habe das nicht geschrieben, Herr Lehrer." Dr. Hohenzollern: „Im Interesse der Schule will ich dir das vor den anderen glauben. Aber Strafe muß sein!" Auf der Tafel steht: „Frankreich sollte Elsaß-Lothringen bekommen". Kaiser Karl versprach in einem Brief an seinen Schwager, den Prinzen Sixtus von Bourbon-Parma, die „berechtigten Ansprüche" Frankreichs auf Elsaß-Lothringen bei den Deutschen zu unterstützen, um einen Frieden mit der Entente zu erhalten. Die Verhandlungen des Prinzen mit französischen Stellen scheitern, im April 1918 veröffentlicht der französische Ministerpräsident Clemenceau den Brief. Karl I. dementiert, muß sich aber von seinem Verbündeten bittere Vorwürfe gefallen lassen und weiteres Durchhalten versprechen.

Punch, London, 24. April 1918, S. 259 (L. Raven-Hill)

30
Familienprobleme.

Cartoon's Magazine, Chicago, August 1918, S. 256 (Bronstrup)

31
Kaiser Franz-Joseph und Thronfolger Karl.

Bundesarchiv, Bildarchiv

Die Türkei und Bulgarien: Sultan Mehmet V. und Zar Ferdinand I.

Die Türkei (Osmanisches Reich) ist nur noch ein Schatten einstiger Größe. Wirtschaftlich und militärisch stark heruntergekommen, außerdem hoch verschuldet und praktisch ohne Industrie, gilt sie als „Kranker Mann am Bosporus".

Der Sultan, Mehmet V. (1909-1918), ist entmachtet, die Jungtürken bemühen sich, das Land zu modernisieren. Panturanische Kreise um Kriegsminister Enver Pascha wollen im Krieg die von Turkvölkern (Tataren, Turkmenen, Aserbaidschaner) besiedelten Gebiete Rußlands erobern.

Bulgarien ist ein unterentwickeltes Agrarland. Zar Ferdinand I. stammt aus dem deutschen Fürstenhaus Sachsen-Coburg-Koháry. Die Bulgaren wollen im Krieg Mazedonien erobern.

32
Die Umkehrung.

Türkei: „Ich gebe dieses Bett auf, willst Du nicht meinen Platz einnehmen?" Auf dem Schild: „Bett des kranken Mannes von Europa".

Punch, London, 7. April 1915, S. 27 (Bernard Partridge)

33
Ein Wiedersehen.

„Ich weiß nicht, ob Sie mich wiedererkennen – ich bin nämlich der kranke Mann." Im Rollstuhl das greise England.

Ulk, Berlin, 1915, Nr. 40

34
Kriegsersparnisse.

Sultan: „Der Alte (Wilhelm II.) scheint die ganze Welt gegen sich aufbringen zu wollen, so daß er sein Gesicht wahren kann, wenn er geschlagen wird." Ferdinand: „Mir ist es gleich, was aus seinem Gesicht wird, wenn ich nur meinen Kopf rette." Sultan: „Ich auch."

Punch, London, 21. Februar 1917

35
Fliegende Teppiche.

Auf Druck des Allerhöchsten Kriegsherrn stellt sein orientalischer Bundesgenosse eine Bomberstaffel aus fliegenden Teppischen auf.

Punch, London, 17. Oktober 1917, S. 267 (George Morrow)

36
Zar Ferdinand I.

Bundesarchiv, Bildarchiv

37
Sultan Mehmet V.

BDIC Paris

38
Enver Pascha.

BDIC Paris

Großbritannien: Sir Edward Grey

Großbritannien ist die führende Handelsmacht der Welt und besitzt die größte Flotte.

England und Deutschland sind Konkurrenten, und die deutsche Propaganda behauptet, die englische „Krämernation" führe den Krieg nur aus Handelsneid.

Die englische Seeblockade, die in Deutschland zu Rohstoff- und Lebensmittelverknappung führt, verschärft den Haß gegen Großbritannien.

Da der englische König Georg V. nur repräsentative Aufgaben hat, hält sich die deutsche Karikatur an Außenminister Sir Edward Grey (1862-1933) sowie an die englische Symbolfigur „John Bull".

39
Sir Edward Grey, die englische Harpyie.

Der Wahre Jacob, Berlin, November 1914, S. 8509

40
Sir Edward Grey.

Imperial War Museum, London

41
Der Hüter des Völkerrechts.

„Der Krieg ist ein Geschäft wie jedes andere."

Simplicissimus, München, 26. Juli 1915, Nr. 16, S. 181 (Blix)

42
Das englische Gold.

„Der Hügel ist noch nicht hoch genug, Vittorio!"

Simplicissimus, München, 20. Juli 1915, Nr. 20, S. 328 (Blix)

Das zaristische Rußland: Zar Nikolaus II. und Nikolai Nikolajewitsch

Das zaristische Rußland ist ein Koloß mit tönernen Füßen.

Zwar verfügt es über unerschöpfliche Menschenreserven (155 Millionen im Jahre 1913), die im Krieg als „Russische Dampfwalze" gefürchtet sind, aber seine Industrie ist zurückgeblieben und den materiellen Anforderungen eines modernen Krieges nicht gewachsen.

Das autokratische System Zar Nikolaus' II. (1894-1917) ist der Hort der Reaktion in Europa und von der Revolution bedroht.

Im Krieg erleiden die russischen Armeen unter dem Oberbefehl des Großfürsten Nikolai Nikolajewitsch vernichtende Niederlagen. Es kommt zu Hungerunruhen und Streiks. Der russische Bär kann und will nicht mehr kämpfen.

43
Bleigießen in Petersburg.

Zu ebener Erde und im ersten Stock.

Muskete, Wien, 31. Dezember 1914, S. 107 (Rudolf Herrmann)

44
Macbeth-Nikolajewitsch.

Simplicissimus, München, 27. April 1915, Nr. 20, 4, S. 37

45
Bärendressur.

„Mistvieh, lausiges! Ich hätt' nicht geglaubt, daß du so schwer begreifst."

Jugend, München, 1917, Nr. 24, S. 480 (Erich Wilke)

46
Nikolaus II.

BDIC Paris

Staatsmänner und Generäle

47
Nikolai Nikolajewitsch.
BDIC Paris

Das revolutionäre Rußland: Wladimir I. Lenin und Leo D. Trotzkij

1917 ist Rußland wirtschaftlich und militärisch am Ende. Im Februar bricht die Revolution aus. Zar Nikolaus dankt ab. Die neue Regierung aber setzt den Krieg fort und hetzt die erschöpfte Armee in eine neue blutige Offensive.

Das ist die Chance der Bolschewisten. Mit deutscher Hilfe kommt Lenin (1870-1924) aus dem Schweizer Exil nach Rußland. Er verspricht „Frieden, Land und Brot". Am 25. Oktober (7. November nach westlichem Kalender) übernehmen die Bolschewisten die Macht. Drei Wochen später ruhen die Waffen. Am 3. März 1918 schließt Rußland mit den Mittelmächten den Friedensvertrag von Brest-Litowsk und verzichtet darin auf seine westlichen Provinzen.

In der alliierten Karikatur gelten die Bolschewisten als Agenten Kaiser Wilhelms. Auch in Rußland werden die Friedensverhandlungen kritisiert.

48
Ein wohlverdienter Orden.
Wilhelm II.: „Bitte sehr, Lenin, das Kreuz der preußischen Dankbarkeit."
Asino, Rom, 7. März 1918, Bd. 27, Nr. 11, S. 8

49
Lenin.
Bundesarchiv

50
Der Separatfrieden.
Rotkäppchen (Lenin): „Warum hast du so große Hände?" Der Wolf (Deutschland): „Um dich in meine Arme zu nehmen." Rotkäppchen: „Warum hast du so große Augen?" Der Wolf: „Damit ich gut sehe, wie du fraternisierst." Rotkäppchen: „Warum hast du so große Zähne?" Der Wolf: „Um dich zu fressen."

51
Hindenburg zu Trotzkij: „Wir machen den Frieden nach dem Prinzip: Was dein ist, ist mein, und was mein ist, ist mein."
Rugatsch, Petrograd, 1917, Nr. 4, S. 13

52
Trotzkij in Brest-Litowsk.
Bundesarchiv, Bildarchiv

Frankreich: Raymond Poincaré und Georges Clemenceau

Für die französische Republik ist das Verhältnis zu Deutschland ein Trauma. 1871 hat sie Elsaß-Lothringen abtreten müssen. Frankreich hat weniger Einwohner als das Kaiserreich, ist auch wirtschaftlich viel schwächer und fühlt sich von Deutschland bedroht.

Zunächst kann Staatspräsident Raymond Poincaré (1860-1934) die Franzosen erfolgreich für den Krieg mobilisieren. Nach blutigen Verlusten kommt es 1917 zu einer defaitistischen Stimmung, zu Streiks und zu Meutereien. Im November wird Georges Clemenceau (1841-1929) Ministerpräsident. Er greift rücksichtslos durch und wirft den an einer Verständigung mit Deutschland interessierten Politiker Joseph Caillaux ins Gefängnis. Clemenceaus Parole wird zur Losung Frankreichs: „Jusqu'au bout", d. h. „Kampf bis zum Ende".

53
Spuk am hellen Mittag. Herr Präsident, ich höre den Karren schon rasseln.
Der Wahre Jacob, Berlin, 18. August 1916, Nr. 785, 1. Seite

54
„Salome" in der Pariser Großen Oper.
Salome (Mlle. Clemenceau): „Gib mir den Kopf des Josephus Caillaux, Marianne."
Kladderadatsch, Berlin, 2. Juni 1918, Nr. 22 (A. Johnson)

55
Poincaré.
BDIC Paris

56
Clemenceau.
BDIC Paris

57
Gleichheit! Freiheit! Brüderlichkeit! Auf, Kinder des Vaterlandes.
(Anfang der französischen Nationalhymne)
Muskete, Wien, 4. März 1915, S. 177 (Hans Strohofer)

Italien: König Vittorio Emanuele III. und Antonio Salandra

Italien ist eine parlamentarische Monarchie und noch überwiegend ein rückständiges Agrarland.

Es ist mit Deutschland und Österreich-Ungarn im Dreibund verbündet, hat aber auch geheime Abkommen mit Frankreich und Rußland abgeschlossen und erklärt sich bei Ausbruch des Krieges neutral.

Um die „Irredenta" (italienische Gebiete unter österreichischer Herrschaft) zu befreien, erklärt Italien unter Ministerpräsident Antonio Salandra am 23. Mai 1915 Österreich-Ungarn den Krieg. Deutsche und Österreicher betrachten das als Verrat.

Im Krieg versagen die italienischen Truppen und werden im Oktober 1917 bei Caporetto vernichtend geschlagen.

58
Der Gesang der Neutralität.
Numero, Turin, 27. September 1914, Nr. 40 (Carlin)

59
Römische Elegie.
„Eia popeia, was machen wir da? Wir gehen zu Großpapa Nikita." Die italienische Königin Elena ist eine geborene Prinzessin von Montenegro. Ihr Vater, König Nikola I. (Nikita), ist um diese Zeit schon im französischen Exil.

60
Judas und Salandra.
„Ich verbitte mir, daß ich immer mit Ihnen verglichen werde, Signor Ischariot. Erstens haben Sie viel zu billig gearbeitet, zweitens haben Sie die Silberlinge zurückgegeben, und drittens haben Sie sich aufgehängt, während ich das Lokal erhobenen Hauptes verlassen habe."
Simplicissimus, München, 4. April 1916, Bd. 8, Nr. 1, S. 3 (Wilhelm Schulz)

61
Teutoburg am Isonzo.
„Cadorna, Cadorna, gibt mir meine Legionen wieder."
Luigi Graf Cadorna ist von 1914 bis 1917 der italienische Generalstabschef.
Lustige Blätter, Berlin, 1917, Nr. 46

62
Eviva!
Die von der italienischen Armee eroberte österreichische Soldatenkappe ist nunmehr zur Schaustellung in das Colosseum überführt worden.
Lustige Blätter, Berlin, 1915, S. 26

63
König Vittorio Emanuele III. (1900-1946).
Bundesarchiv, Bildarchiv

64
Ministerpräsident Antonio Salandra (1853-1931).
BDIC Paris

Die USA: Präsident Woodrow Wilson

1914 sind die Vereinigten Staaten noch keine Weltmacht. Sie gehören auch keiner Bündniskombination an. Ihre Wirtschaft ist stark, militärisch aber sind sie ein Zwerg. 1916 zählt die amerikanische Armee 128 000 Mann.

1914 erklären die USA ihre Neutralität. Der amerikanische Präsident Woodrow Wilson (1856-1924) führt aber de facto eine proalliierte Politik und liefert Rohstoffe und Kriegsmaterial an die Alliierten.

Gegen den deutschen U-Boot-Krieg protestieren die Amerikaner immer wieder und erklären schließlich im April 1917 Deutschland den Krieg.

65
Wilsons Friedenspfeife.
„Um Himmels willen, großer Häuptling, die ganze Bude fliegt ja in die Luft, wenn hier geraucht wird."
Kladderadatsch, Berlin, 14. Januar 1917, Nr. 2

66
Die Freiheit der Meere.
Wilson: „Hoffentlich können Sie das in befriedigender Weise erklären."
Cartoon's Magazine, Chicago, Dezember 1915, Bd. 8, Nr. 6, S. 945

67
Aus Wilsons Rede am amerikanischen „Danksagungstage".
Dieses Jahr ist ein Jahr besonderer Segnungen gewesen. Wir sind zu der Erkenntnis der Rolle gekommen, die wir unter den Völkern zu spielen haben, und unsere Fähigkeit, allen zu dienen, die in der Lage waren, unsere Dienste in Anspruch zu nehmen, ist durch eine gütige Vorsehung durch immer reichere Ernten belohnt worden.
Kladderadatsch, Berlin, 19. November 1915

68
Präsident Woodrow Wilson (1913-1921).
Bundesarchiv, Bildarchiv

Staatsmänner und Generäle

Die Balkanländer: König Peter I. von Serbien und König Nikolaus I. von Montenegro

Das Königreich Serbien ist ein rückständiges Agrarland, Montenegro ist bettelarm. Im Herbst 1915 wird Serbien durch die Truppen der Mittelmächte überrannt, im Januar 1916 kapituliert Montenegro. König Peter I. von Serbien (1903-1918) und Nikolaus I. von Montenegro (1860-1918) gehen nach Frankreich ins Exil.

Am 27. August 1916 erklärt auch Rumänien den Mittelmächten den Krieg, kann aber überraschend schnell im Herbst besiegt werden.

Griechenland wird von den Alliierten im Juni 1917 zum Kriegseintritt gezwungen, die Salonikifront kommt aber erst gegen Ende des Krieges in Bewegung.

69
Der Geldbriefträger.
Montenegro ist durch einen einzigen Österreicher zu überwinden: nämlich durch einen gut ausgerüsteten Geldbriefträger.
Muskete, Wien, 13. August 1914, S. 156

70
Gelegenheit.
Was, die haben einen Thron errichtet? Da biete ich meine Königsutensilien an.

71
Die erste Ratte verläßt den Entente-Segler.
Kladderadatsch, Berlin, 30. Januar 1916, Nr. 5, Titelblatt

72
Humor in der Weltgeschichte.
John Bull: Also, Europa, auf mit mir zum Kampf gegen den verruchten Deutschen, den Vergewaltiger der kleinen Nationen.
Kladderadatsch, Berlin, 7. Mai 1916, Nr. 19

73
König Peter I. von Serbien.
Bundesarchiv, Bildarchiv

74
König Nikolaus I. von Montenegro.
Bundesarchiv, Bildarchiv

Der Vatikan: Papst Benedikt XV.

Der Vatikan ist die einzige Macht, die sich konsequent für den Frieden einsetzt.

Die päpstliche Diplomatie bemüht sich, den Kriegseintritt Italiens zu verhindern und sucht eine deutsch-belgische Verständigung herbeizuführen. Nach diplomatischen Sondierungen in Berlin und Wien richtet Papst Benedikt XV. (1914-1922) am 1. August 1917 eine offizielle Friedensnote an die kriegführenden Mächte und schlägt u. a. vor:
Räumung der besetzten Gebiete
Verzicht auf Reparationen
Eine Lösung der territorialen Fragen in „versöhnlichem Geist".

Alle Aktionen scheitern, und der Vatikan beschränkt sich schließlich auf die Gefangenenfürsorge.

75
Benedikt XV.
Ich segne euch, meine Kinder, und der Friede sei mit euch.
La Griffe, Lyon, 5. Januar 1917

76
Der neue Dreibund – auf Italienisch.
Neben dem Papst der neutralistische Politiker Giovanni Giolitti mit dem Dreibundvertrag in der Hand und ein italienischer Sozialist. Auf dem Schild steht: Es lebe der Frieden, es lebe die Neutralität bis zum Tod.
Numero, Turin, 4. Oktober 1914, Nr. 41

Mittelmächte und Alliierte: Wer ist stärker?

Die Alliierten haben mehr Menschen, mehr Soldaten, mehr Waffen und mehr Geld. Außerdem sind die Mittelmächte durch die englische Seeblockade isoliert, während den Alliierten die Hilfsmittel der ganzen Welt zur Verfügung stehen.

Frankreich und Großbritannien produzieren zusammen mehr Waffen als Deutschland, die anderen Länder fallen nicht ins Gewicht. Nach dem Kriegseintritt der USA wird die Lage für die Mittelmächte hoffnungslos.

Die deutsche Karikatur suggeriert durch die Vierzahl eine Gleichwertigkeit, die in Wirklichkeit nicht besteht. Die französische Karikatur hebt die Schwäche der deutschen Verbündeten Österreich und Türkei hervor.

	Alliierte	Mittelmächte
Bevölkerung	258 Mill.	118 Mill.
Soldaten 1914	5,7 Mill.	3,5 Mill.
Soldaten 1914–1918	42 Mill.	22 Mill.
Geschütze 1914	20 770 (davon 10 500 fest stationiert)	12 200
Flugzeuge 1914	597	311
Zeppeline	15	26
Schiffsraum in Bruttoregistertonnen	20 887 000	5 782 000
Kriegsschiffe 1914 (in Klammern Linienschiffe)	1 083 (91)	443 (59)
U-Boote	152	34

Produktion 1914–1918	Frankreich und England	Deutschland
Maschinengewehre	551 000	280 000
Granaten	768 000	306 000
Flugzeuge	139 000	47 000

77
Vierbund – Vierverband.
Simplicissimus, München, 30. November 1915

78
Wilhelm: Auch ich habe Alliierte.
Le Rire, Paris, 5. Dezember 1914

Mittelmächte und Alliierte: Ärger in der Koalition

In beiden Kriegskoalitionen gibt es Spannungen. Russen und Franzosen werfen den Engländern vor, sich nicht ausreichend zu engagieren und den Krieg mit den Truppen der anderen zu führen – ein Vorwurf, der von der deutschen Propaganda geschürt wird. Großbritannien gilt in Deutschland als Drahtzieher der Alliierten.

Im Lager der Mittelmächte übernehmen die Deutschen die Führung und diktieren Österreich-Ungarn, der Türkei und Bulgarien das Gesetz des Handelns. Endziel ihrer Politik ist es, die Verbündeten in einem mitteleuropäisch-nahöstlichen Staatenbund in deutsche Abhängigkeit zu bringen.

79
Laokoon: Die deutsche Schlange umschlingt die Verbündeten.
Peme, Petrograd 1916

80
Clemenceau, l'homme enchainé – Clemenceau, der gefesselte Mann.
Auf dem Zettel Clemenceaus Parole: Kampf bis zum Ende.
Kladderadatsch, Berlin, 6. Januar 1918, Nr. 71

81
Der Gott im Pferdewagen.
Türkei: Ich habe langsam genug. Ich werde bald ausschlagen. Österreich: Ich dachte daran, mich hinzulegen.
Punch, London, 6. Januar 1915

82
Franz Joseph: Er hört die Stimme seines Herrn.
Le Ruy Blas, Paris, 18. Juli 1915

83
Der neue Geschäftsführer.
Drauf, Clemenceau, laß das Weibsbild nicht schwach werden."
Simplicissimus, München, November 1917
Universitätsbibliothek Heidelberg

84
Die Pariser Konferenz.
„Mister Cadorna, Ihr rosiges Aussehen beweist, daß es Ihnen noch nicht schlecht genug geht. Wenn man für England wirklich kämpft, sieht man aus wie die andern Herrschaften hier."
Von links nach rechts: der italienische Generalstabschef Cadorna, Frankreich, Serbien, Belgien und der englische Kriegsminister Lord Kitchener.
Simplicissimus, München, 11. April 1916, Bd. 21, Nr. 2, S. 17

An der Front

Chronologie der militärischen Ereignisse

Kriegsjahr 1914:
26. bis 30. August/7. bis 15. September: Deutsche Siege bei Tannenberg und an den Masurischen Seen über die in Ostpreußen eingedrungenen russischen Armeen.

August bis September: Unter Verletzung der belgischen Neutralität dringt der rechte Flügel der deutschen Armee über Belgien nach Nordfrankreich vor und versucht, getreu dem Schlieffenplan, Paris westlich zu umfassen und das Gros der französischen Armee einzuschließen. Durch Versagen der deutschen Führung (Generalstabschef Helmuth von Moltke), aber auch infolge tapferer französischer Gegenwehr mißlingt die Offensive. Immerhin besetzen die Deutschen große Teile Nordostfrankreichs. Es kommt zum Stellungskrieg in Schützengräben.

Kriegsjahr 1915:
Februar bis Dezember: Alliierter Vorstoß auf Konstantinopel und die Dardanellen scheitert.

1. bis 3. Mai: Sieg der Österreicher und Deutschen bei Gorlice-Tarnow in Galizien über die Russen.

Juni bis September: Die Mittelmächte besetzen Russisch Polen, Litauen und Kurland.

Oktober bis Dezember: Serbien wird von den Mittelmächten besetzt. An der Westfront scheitern alliierte Durchbruchsversuche.

Kriegsjahr 1916:
Februar bis Juli: 2. Oberste Heeresleitung (seit September 1914 Erich von Falkenhayn) will durch Angriff auf die Festung Verdun die französischen Kräfte erschöpfen und demoralisieren. „Hölle von Verdun" mit furchtbaren Verlusten auf beiden Seiten (700 000 Tote).

Juni bis November: Alliierte Offensive an der Somme scheitert.

Ab 29. August: 3. Oberste Heeresleitung (Paul von Hindenburg und Erich Ludendorff).

Juni bis Dezember: Die russische Offensive in Galizien wird unter hohen Verlusten abgewehrt.

August bis Dezember: Nach Kriegseintritt Rumäniens wird das Land von den Mittelmächten besetzt.

Kriegsjahr 1917:
April/Mai: Alliierte Offensive an der Westfront scheitert. Meutereien im französischen Heer.

30. Juni bis 11. Juli: Nach der russischen Februarrevolution scheitert eine neue Offensive der Russen in Galizien.

24. bis 27. Oktober: Deutsch-österreichischer Sieg über die Italiener bei Caporetto. Stabilisierung der zusammengebrochenen italienischen Front durch französische und englische Truppen an der Piave.

November bis Dezember: Englische Offensive in Palästina gegen die Türken.

15. Dezember: Nach der bolschewistischen Oktoberrevolution Waffenstillstand zwischen Rußland und den Mittelmächten.

Kriegsjahr 1918:
3. März: Friedensvertrag von Brest-Litowsk zwischen der Sowjetunion und den Mittelmächten.

7. Mai: Friede von Bukarest zwischen Rumänien und den Mittelmächten.

März bis Juli: Deutsche Großoffensive an der Westfront bleibt nach anfänglichen Erfolgen stecken.

Juli bis Oktober: Alliierte Gegenoffensive mit Tanks und frischen amerikanischen Truppen zwingt die Deutschen zum Rückzug auf die Siegfriedstellung (Arras-St. Quentin-Reims).

15. September: Zusammenbruch der bulgarischen Front.

September bis Oktober: Britische Truppen erobern Palästina, Syrien und den Libanon.

30. September bis 11. November: Die Mittelmächte sind geschlagen und schließen nacheinander Waffenstillstand mit den Alliierten.

Die Rekrutierung

Im August 1914 ist an begeisterten Kriegsfreiwilligen kein Mangel. Je länger aber der Krieg dauert, je höher die Verluste werden, um so mehr kühlt das Interesse ab. Zahlreiche „Drückeberger" simulieren Krankheiten, um nicht eingezogen zu werden.

Besondere Probleme hat England. Hier gibt es zunächst keine Wehrpflicht und die Zahl der Freiwilligen geht immer mehr zurück. Im Januar 1916 wird daher die Wehrpflicht für Junggesellen eingeführt, im Mai 1916 auch auf die verheirateten Männer ausgedehnt.

85
Die Musterung der Drückeberger:
Es ist verblüffend, sie haben alle die gleiche Krankheit. Welche? Schützengraben.

L'Anti-Boche, Paris, 11. Dezember 1915

An der Front

Nr. 85

Nr. 86

86
Ein frecher Drückeberger.
Wütender Sanitätsoffizier (hält dem Rekruten den Deckel des Mülleimers vor die Nase): „Können Sie das sehen?" Rekrut: „Ja." Offizier: „Was ist das?" Rekrut: „Zwei Schillinge oder eine halbe Krone."

Punch, London, 11. Oktober 1916, S. 271

87
Im englischen Werbebureau.
„Seit acht Tagen kein Mensch. Und der letzte vor einer Woche war die Reinmachfrau." Auf der Tür steht: Werbebüro Kitchener und Co. Auf den Plakaten von links oben nach rechts unten: General in sechs Monaten. – Gretchen erwartet dich. – So gut wirst du essen. – Die britische Garnison in Köln braucht Soldaten. – Hier unterschreiben. – Dein Gehalt.

Lustige Blätter, Berlin, 1915, Nr. 47, S. 10

88
Der englische Junggeselle zwischen Scylla und Charybdis.

Lustige Blätter, Berlin 1916

89
Englische Kriegsfreiwillige.

Imperial War Museum, London

Der deutsche Soldat

In den besetzten Gebieten Belgiens, Nordfrankreichs und Rußlands errichten die deutschen Militärs eine Schreckensherrschaft. Umfangreiche Requisitionen und Kontributionen, Plünderungen (trotz offiziellem Ver-

An der Front

bot), Zerstörungen unverteidigter Orte, Zwangsdeportationen, Folterungen und Geiselerschießungen sind an der Tagesordnung.

Die Ententepropaganda nützt das aus. Der deutsche Soldat erscheint als Ungeheuer und „Hunne". Er plündert, zerstört, vergewaltigt und mordet. Die deutsche Antwort ist wenig überzeugend.

90
Nach einem Jahr.
Simplicissimus, München, 3. August 1915, Nr. 18, S. 205

91
Der Triumph der Wissenschaft und der Zivilisation.
L'Europe antiprusssienne, 15. Oktober 1914

92
Barbaren im Quartier:
„Madame – 'n scheenen Jruß von meine Frau – und – da schickt se wat for de Kinder."
Lustige Blätter 1915, Nr. 72

93
Die Bestie kommt.
Der Vormarsch der Bestie muß aufgehalten werden.
The Bystander, London, 19. Mai 1915, nach einem südamerikanischen Original.

94
Die „hochedlen" deutschen Offiziere in Brüssel.
Le Petit Journal, Paris, 28. Mai 1916

Der alliierte Soldat

Die deutsche Karikatur setzt vor allem auf nationale Stereotypen: die Russen können nicht lesen, die Franzosen sind unfähig und eitel, die Italiener feige und die Engländer verweichlicht. Den Komfort in der englischen Armee verhöhnt selbst die französische Karikatur.

95
Die englische Armee.
Genaue Darstellung der englischen Armee, die, wie jeder in Frankreich weiß, die Bequemlichkeit liebt. „Die Hunnen möchten angreifen, Sir!" – „Nicht jetzt, mein Lieber, nach dem Tee!" Hunne: englisches Schimpfwort für Deutscher.
La Baionnette, Paris, 8. November 1917

96
Wer will unter die Soldaten.
Lustige Blätter, Berlin, 1915, Nr. 50

97
Die Mithüter der Kultur.
„Jetzt haben wir Karte. Vielleicht kommt einer, der lesen kann."
Simplicissimus, München, 22. Dezember 1914

98
Gloire!
„Meldung, Meldung! Der Sieg bei Nullepart ist noch viel größer als angenommen. Es sind zu dem ursprünglich festgestellten Terraingewinn von 2½ Metern noch 3 Zentimeter hinzugekommen!"
Gloire: Ruhm. Nullepart: Nirgendwo.
Lustige Blätter, Berlin, 1915, Nr. 40

Der US-Soldat

Am 6. April 1917 erklären die USA Deutschland den Krieg.

Allerdings sind die Amerikaner kaum vorbereitet, und im Oktober 1917 stehen erst 14.500 amerikanische Soldaten unter General John H. Pershing in Frankreich. Im Februar 1918 aber sind es schon 300.000, und am 26. September verfügt Pershing über 1.200.000 Mann.

Der unaufhörliche Zustrom frischer amerikanischer Kräfte demoralisiert die abgekämpften deutschen Truppen immer mehr. Die deutsche Propaganda versucht daher, die amerikanische Waffenhilfe abzuwerten und lächerlich zu machen.

99
Zinnsoldaten.
„Hurra, die Amerikaner kommen!" rufen die Ententebrüder freudig aus – aber mit den Sendungen Onkel Wilsons verhält es sich wie mit den bekannten Kinderspiel-Schachteln – das meiste sind leere Papierschnitzel.
Jugend, München, 1917, Nr. 9

100
Zittre, Deutschland!
Wie die Times aus sicherer Quelle erfährt, ist Teddy Roosevelt mit einem Regiment Marine-Rough-Reiter unterwegs. England atmet auf! Theodore Roosevelt (1858-1919), Präsident der USA von 1901-1909, setzt sich für Aufrüstung und einen Eintritt Amerikas in den Krieg ein.

101
Ankunft amerikanischer Soldaten in London.
Imperial War Museum, London

102
Das New Yorker Milliardär-Regiment.
John P. Morgan (1867-1943), amerikanischer Bankier. Andrew Carnegie (1835-1919), amerikanischer Großindustrieller.
Lustige Blätter, Berlin, 1918, Nr. 4

Im Schützengraben

Das Leben im Schützengraben ist die Hölle.

Die Soldaten hausen in Verschlägen und Erdhöhlen, in einem unvorstellbaren Schmutz und stehen oft bis zum Knie in Schlammwasser. Bei Schnee und Frost werden ihre Füße zu Eisklumpen.

Die Ernährung ist schlecht, manche Nächte verbringen sie ohne Schlaf.

Wenn die Granaten kommen, haben sie Angst, daß es sie trifft oder daß sie verschüttet werden.

Wenn der Schützengraben stark umkämpft ist, stehen sie tagelang zwischen Toten und stöhnenden Verwundeten, die nicht gleich weggeschafft werden können.

In der Propaganda aber findet der Soldat erst im Schützengraben das „wahre Glück."

103
Schützengraben.
Imperial War Museum, London

104
Schützengraben.
Imperial War Museum, London

105
Der Schauspieler Vivian Varasour im Streß auf der Bühne und im ruhigen Schützengraben.
Punch, London, 7. Juni 1916, S. 369

106
Man muß in Übung bleiben.
Der Gemeine Smith, früher als Jongleur „Shinio" bekannt, versetzt seinen Zug in Angst zu Schrecken.
Bystander, London, 27. Oktober 1915

107
Worauf es ankommt.
In Loos während der Septemberoffensive. Oberst Fitz-Shrapnel erhält vom Hauptquartier die folgende Anfrage: „Bitte informieren Sie uns so schnell wie möglich, wieviele Büchsen mit Himbeermarmelade Ihnen vorigen Freitag geliefert wurden."
Bystander, London, 17. November 1915, S. 261

108
O welche Lust, Soldat zu sein!
Muskete, Wien, 18. Mai 1916, S. 54

Frauen an die Front

Wirkliche weibliche Kampfformationen gibt es nur Rußland. Auch in der Roten Armee kämpfen Frauen. Die Sowjetunion führt sogar die Wehrpflicht für Frauen ein.

In Großbritannien wird eine uniformierte Hilfstruppe aufgestellt. Allerdings kommen diese Frauen nicht, wie es sich die deutsche Karikatur ausmalt, an die Front, sondern arbeiten als Ordonnanzen, Schreibkräfte und Telefonistinnen in der Etappe.

Auch in Deutschland werden ab Frühjahr 1917 Frauen in der Etappe eingesetzt. Im Juli 1918 wird ein weibliches Nachrichtenkorps aufgestellt, kommt aber wegen des Waffenstillstands nicht mehr zum Einsatz.

109
Eine Frage der Höflichkeit.
Galanter schottischer Offizier erwidert den Gruß einer weiblichen Kriegsfreiwilligen.
Pugatch, Petrograd, 1917, Nr. 19

110
„Ich liebe Sie, Frau Unteroffizier."
Pugatch, Petrograd, 1917, Nr. 19

111
Englische Weibertruppen:
„Wir sind verloren, meine Damen – dort ist eine Maus."
Lustige Blätter, Berlin, 1915, Nr. 12

112
Das Weiber-Regiment.
Lustige Blätter, Berlin, 1915, Nr. 10

Nr. 103 ▲ Nr. 105 ▼

PUNCH, OR THE LONDON CHARIVARI.

[Sept 7, 1916.] 369

Das letzte Aufgebot

Die Verluste an Gefallenen, Verwundeten und Vermißten sind so ungeheuerlich, daß die genauen Zahlen in allen Ländern vor der Bevölkerung geheimgehalten werden.

Die Generäle wissen bald nicht mehr, wo sie noch Rekruten hernehmen sollen. In England und Frankreich gibt es bereits 1915 eine Amnestie für Strafgefangene, die sich zur Front melden. 1918 setzen die Engländer die Altersgrenze für die Wehrpflicht auf 50 Jahre herauf.

In Deutschland will General Ludendorff mehrfach Kinder ab 15 und alte Leute bis 60 Jahre einziehen, der Reichstag lehnt aber ab.

Die Karikaturisten übertreiben – natürlich immer nur beim Gegner.

Kriegsverluste:
Gefallene: 8,5 Mill., davon 1,8 Mill. Deutsche
Verwundete: 21 Mill., davon 4,2 Mill. Deutsche

Auf 100 mobilisierte Soldaten: 15 Gefallene, 40 Verwundete (Durchschnitt)
Ca. 50 % der deutschen Gefallenen sind zwischen 19 und 25 Jahren alt.

113
Die Verstärkungen des großen und des kleinen Willi.
Auf Befehl des Kaiserismus und der beiden Willis werden zahlreiche Babyrekruten zur Schlachtbank gebracht. Den nächsten Stechschritt werden diese edlen Führer vor Kindern und Greisen exerzieren. Willis: Kaiser und Kronprinz.

114
Frankreichs letztes Aufgebot.
Kladderadatsch, Berlin, 10. Januar 1915

115
Kitcheners schwere Jungs.
Ulk, Berlin, 1915, Nr. 4

Humor an der Front

Diese Bildergeschichten erscheinen unpolitisch, haben aber doch eine wichtige Funktion: das Soldatenleben als harmlos und ungezwungen darzustellen.

116
Hausgemachte Munition.
Punch, London, Almanach, 1917

117
Der Urlaubsschwindler.
Punch, London, 4. Juli 1917

Zeppelin und „Dicke Berta"

Ferdinand Graf von Zeppelin (1838-1917) läßt im Jahre 1900 das erste brauchbare Luftschiff bauen. Im Krieg werden die Zeppeline u. a. zur Bombardierung von London und Paris eingesetzt.

Die Riesengeschütze sind der ganze Stolz der deutschen (und der österreichischen) Armee. Die „Dicke Berta" schießt mit ihren 42 cm dicken und bis zu 1 Tonne schweren Granaten die stärksten Festungen in Trümmer.

Das „Paris-Geschütz" kann 120 km weit schießen und bombardiert Paris, richtet aber wegen seiner Zielungenauigkeit keinen großen Schaden an.

118
Zeppelin.
Bundesarchiv, Bildarchiv

119
Dicke Berta.
Bundesarchiv, Bildarchiv

120
Das U-Zeppelinboot.
Heath Robinson at War, London, 1915

121
Überraschung für England.
Krupps neue Haubitze für menschliche Geschosse.
Bystander, London, 30. September 1914.

Tanks und andere Erfindungen

Im November 1916 setzen die Engländer zum ersten Male den am Anfang viel belächelten Tank (Panzerkampfwagen) ein. Die Deutschen vernachlässigen die Entwicklung dieser Waffe. Nach anfänglichen Mißerfolgen wird der Tank zu einem wichtigen Faktor für die alliierte Überlegenheit in der letzten Kriegsphase.

Eine biologische Kriegsführung gibt es noch nicht, dafür wird seit April 1915 Giftgas eingesetzt. Die Gasmaske gehört bald zur Standardausrüstung der Soldaten.

An der Front

122
Nach Presseberichten gezeichnet:
Wie die Tanks wirklich aussehen.
Punch, London, 24. September 1916

123
Verletzung der Haager Konvention.
Wie man einen Angriff von Grippebakterien zurückschlägt.
Heath Robinson, London, 1915

124
Die große Überraschung.
Moses II. führt sein ausgewähltes Volk durch das Rote Meer ins gelobte (Eng)Land. Karikatur auf Kaiser Wilhelm II.
Raemakers, London-Amsterdam, 1916

125
Himmel.
Der Allerhöchste hat die Wahrheit gesprochen – das Schlimmste ist hinter uns.
Punch, London, 13. November 1918

126
Tank.
Imperial War Museum, London

Die englische Seeblockade

Gleich zu Beginn des Krieges sperrt die englische Hochseeflotte den Mittelmächten die Seewege. Die zahlenmäßig unterlegene deutsche Schlachtflotte wagt nicht einzugreifen.

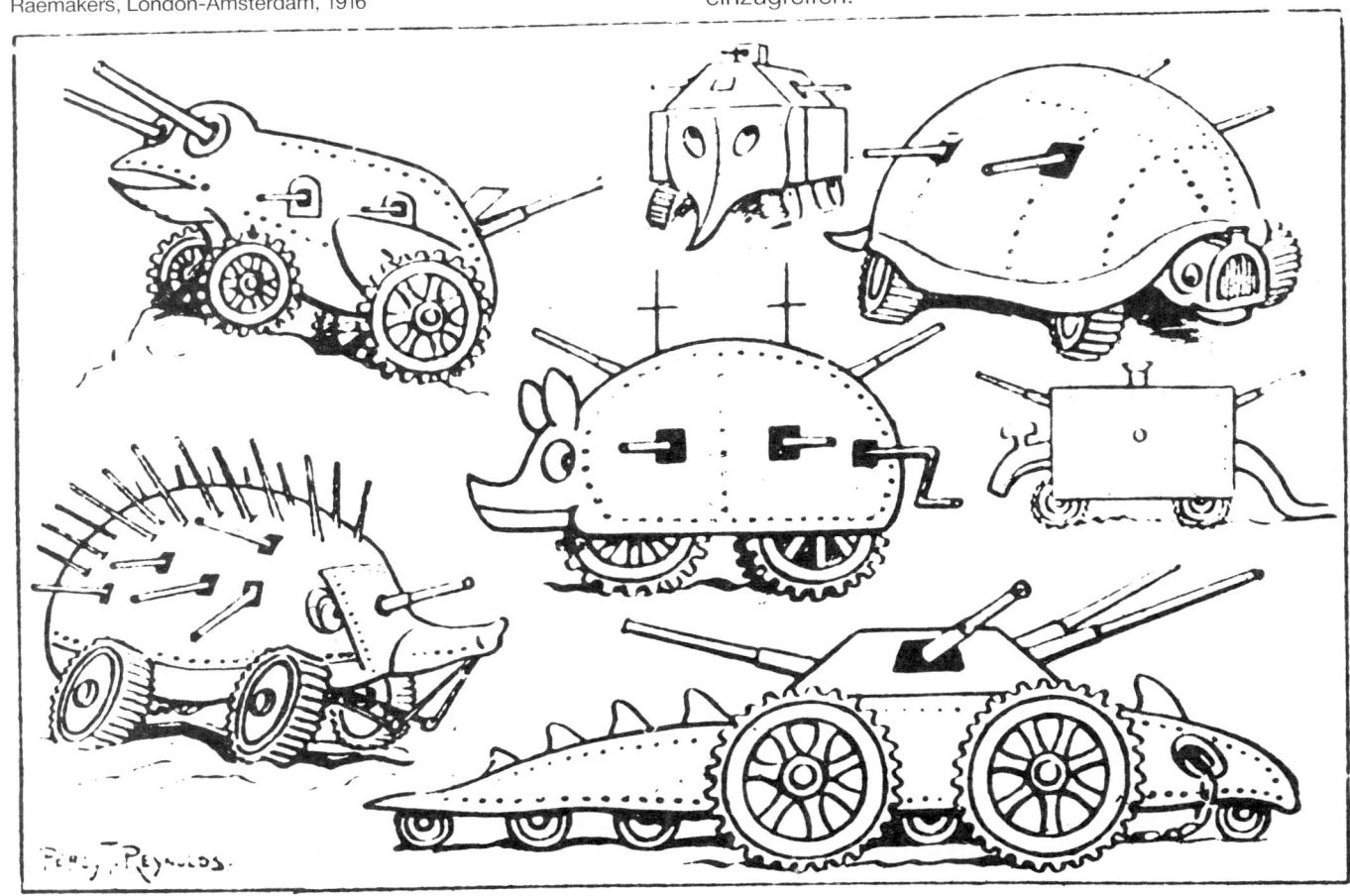

A FEW CONCEPTIONS, PICKED UP FROM PRESS ACCOUNTS HERE AND THERE, OF WHAT THE "TANKS" ARE REALLY LIKE.

Nr. 122

Ab März 1915 blockieren die Engländer völkerrechtswidrig den gesamten Schiffsverkehr von und nach den Häfen der Mittelmächte. Die Blockade führt bei den Mittelmächten zu großen Versorgungsproblemen. Auch neutrale Länder werden in Mitleidenschaft gezogen.

127
Ludwig XIV.: Der Staat bin ich. John Bull: Das Völkerrecht bin ich.

Kladderadatsch, Berlin, 1915, Nr. 34

128
Fortschritte der Kultur.

Der Posträuber von einst und der von heute.

Kladderadatsch, Berlin, 2. Januar 1916

129
Über die Köpfe des hungernden Volkes hinweg.

Der Lebensmittelschmuggler: „Deutschland, Deutschland über alles".

Notenkraker, Amsterdam, 23. Oktober 1915

130
Ein Tip für unsere Admirale.

Baby-Attrappe, die die deutsche Flotte herauslocken soll.

Punch, London, 10. November 1915

Der U-Boot-Krieg

Am 22. Februar 1915 beginnt die deutsche U-Boot-Flotte eine Gegenblockade Englands und torpediert alle alliierten Schiffe.

Als bei diesen Angriffen auch amerikanische Staatsbürger umkommen (Versenkung der „Lusitania"), protestiert Präsident Wilson scharf. Die Deutschen greifen daher keine Passagierschiffe mehr ohne vorherige Warnung und Untersuchung an, doch die Amerikaner reisen auch auf alliierten Frachtschiffen und werden daher praktisch zu einer Art Torpedoschutz.

Im Februar 1917 erklärt Deutschland schließlich den unbeschränkten U-Boot-Krieg und torpediert in bestimmten Zonen auch neutrale Schiffe.

Die hohen Versenkungsziffern führen zu ernsten Versorgungsproblemen in England, werden aber bald durch das Konvoisystem stark reduziert. Der U-Boot-Krieg hat versagt.

131
Englischer Handelsdreadnought.

Kladderadatsch, Berlin, 23. Mai 1914

132
Der britische Torpedoschutz.

„Ist alles an Bord?" „Nein, Herr Kapitän, die üblichen drei Amerikaner sind noch nicht an Bord."

Jugend, München, 8. Januar 1916, S. 60

133
Das erwarten wohl die Herren von mir?!

„Sie können dieses Schiff torpedieren, es sind keine Amerikaner an Bord, Onkel Sam."

Le Rire, Paris, 31. Juli 1915

134
Der Brotgewinner.

Punch, London, 3. März 1915

135
U-Boot versenkt ein Schiff.

Bundesarchiv, Bildarchiv

Frauen und Kinder

Frauen in die Fabriken

Da viele Männer an der Front kämpfen, müsssen immer mehr Frauen deren Arbeit übernehmen. 1913 arbeiten in Deutschland 10,8 Millionen Frauen (35 % aller Arbeitskräfte), 1918 sind es 16 Millionen (55 %).

In den anderen Ländern ist die Situation ähnlich.

Nach dem Krieg werden die Frauen wieder nach Hause geschickt.

136
Polizistinnen in Bayern.

Auch in ihrer neuen Kleidung sind sie noch immer charmant.

L'Anti-Boche, 27. November 1915

137
Männer müssen kämpfen und Frauen müssen arbeiten.

Passing Show, London, 1. Mai 1915

138
Arbeitende Frauen.

Von links oben nach rechts unten: Paß gut auf den Kleinen auf, ja! – Hochachtungsvoll – Ich gehe ins Büro. Wenn du mit den Strümpfen fertig bist, kannst du ins Warenhaus gehen, heute gibt es Stoffreste –. Ich hatte nichts mehr anzuziehen. Auf dem Zettel: Schneiderrechnung. In der Mitte: Was sich glücklicherweise nicht ändert.

La Baionette, Paris, 15. November 1917

Nr. 137

139
Deutsche Munitionsarbeiterinnen.
Bundesarchiv, Bildarchiv

140
Englische Munitionsarbeiterinnen.
Imperial War Museum, London

Demokratisierung

Vor 1914 dürfen die Frauen in Europa nur in Finnland wählen.

Als Belohnung für ihre Leistungen im Krieg erwarten sie jetzt auch in den anderen Ländern das Recht, wählen zu können. In Dänemark und im revolutionären Rußland geht es am schnellsten (1915 bzw. 1917), 1818 folgen Deutschland, die USA und, mit gewissen Einschränkungen, Großbritannien. In Frankreich müssen die Frauen bis 1945 warten.

In Preußen und Sachsen gibt es bei den Landtagswahlen ein Dreiklassenwahlrecht, das nach dem Steueraufkommen differenziert und die große Masse der Bevölkerung zugunsten der Reichen benachteiligt. Der preußische Adel wehrt sich gegen eine Reform. Erst nach der Revolution werden alle Wahldiskriminierungen aufgehoben.

141
Auf den Höhen der Menschheit.
von Knackwitz: Die preußische Wahlrechtsreform werden wir schlucken müssen. Die Änderungen in der Zwei-

Nr. 139

Frauen und Kinder

ten Kammer wären noch zu ertragen. – Aber das Herrenhaus! Einfach unerträglich, auf einer Bank zu sitzen mit seinem Schneider, Schuster, Schornsteinfeger ...
von Knackwitz: ... und Friseur und Perückenmacher! Unerhört!

Im Herrenhaus, der ersten Kammer des Preußischen Landtags, saßen Vertreter des hohen Adels und des Stadtpatriziats, die berufen, nicht gewählt wurden.

Der Wahre Jacob, Berlin, 1917, Bd. 34

142
Der Platz der Frau.
„Was? Ihr wollt wählen? Kommt nicht in Frage! Der Platz der Frau ist in der Schlange." Auf der Fahne: Allgemeines Frauenwahlrecht. Charles Ruys de Beerenbrouck (1873-1936), niederländischer christlicher Politiker, September 1918 Premierminister und Innenminister.

Notenkraker, Amsterdam, 28. September 1918, Nr. 39

143
Das Wahlrecht in Preußen:
„Nur über meine Leiche."

Notenkraker, Amsterdam, 11. Mai 1918, Nr. 12, S. 19

144
Frauenarbeit – Frauenfortschritt.
„Noch eenen Schritt weiter, Aujuste, un wir sind drin im Reichstag."

Der Wahre Jacob, Berlin, 29. Oktober 1915

Liebe und Ehe

Mehr als vier Jahre sind die Soldaten an der Front und kommen nur zu kurzem Urlaub nach Hause. So vergnügt sich der Mann im transportablen Heeresbordell, die Frau tröstet sich ebenfalls und manchmal bleiben die Folgen nicht aus.

Wegen der hohen Verluste an der Front kommt es zu einem spürbaren Frauenüberschuß. Außerdem werden immer weniger Kinder geboren. Daher empfehlen besorgte Zeitgenossen die Einführung der Polygamie.

145
Frankreichs „gerettete" Zukunft.
Der Herr Bürgermeister: „Und wenn die Herrschaften die Absicht haben, sich alle drei treu zu sein, so antworten Sie: Ja, ja, ja!"

Lustige Blätter, Berlin, Nr. 31, 1916

146
Eheliche Fürsorge.
„Ich habe endlich meine Frau in Sicherheit gebracht, sie ist in Béziers." „In der Tat, ich auch, meine ist in Carpentas."

Le Rire, Paris, 27. Juli 1918

147
Ein farbiges Ehedrama in Paris.
Es ist eben Krieg!

Simplicissimus, München, 5. Oktober 1915

148
„Mehrfachheiraten" in Turko-Deutschland.
Von links oben nach rechts unten: Ein Heiratsantrag (einfach oder mehrfach?) – Zeitersparnis: Wollen sie meine Frau werden? – Mit den Verlobten im Restaurant – Der aufmerksame Liebhaber – Spaziergang mit der Familie.

Daily Mirror, London, Nr. 177, 1916 (Haselden)

Die Kinder

Die Kinder leiden am meisten unter dem Krieg und der schlechten Versorgungslage. Der Vater ist an der Front, die Mutter in der Fabrik. Es fehlt an allem, selbst Milch ist kaum zu bekommen.

Auch die Kinder werden von der Propaganda erfaßt – über die Kinderbücher. Aus dem „Struwwelpeter" wird der „Bombenpeter".

Die kindliche Erfahrungswelt wird vom Krieg geprägt. Sie spielen „Krieg", bekommen Kriegsspielzeug und der Weihnachtsmann sieht aus wie ein russischer Kriegsgefangener.

149
Der Bombenpeter:
Gemeint ist König Peter I. von Serbien.

Olszewski – Kriegsstruwwelpeter 1915

150
Erster Gedanke:
Der kleine Fritz: „Ein ausgerissener Russe!"

Meggendorfer Blätter, München, 21. Dezember 1916

151
Du schaust beim Kampf nur zu, du bist der Papst.

Poulbot, Paris 1916

Frauen und Kinder

◀ Nr. 149   ▲ Nr. 150

152
Ihr schreibt fünfhundertmal auf: man darf kein Papier verschwenden.

Poulbot, Paris, 1916

Spielzeugkarikaturen

Mit Ausnahme der Puppen sind die Spielzeugfabrikanten den Anregungen der Karikaturisten wohl nicht gefolgt. Die deutsche Karikatur wird von den Engländern kopiert.

153
Aus unserer Spielzeugschachtel.

Das bockende Pferd: König Georg V. von England (1865/1910 - 1936), war bei Abnahme einer Parade vom Pferd gefallen. – Notenmännchen: Die USA senden Protestnoten (wegen des U-Bootkrieges) an Deutschland, Munition an die Alliierten. – Theophile Delcassé (1852 - 1923), französischer Politiker, bis 1915 Außenminister. – Alexandre Millerand (1859 - 1943), französischer Politiker, bis Oktober 1915 Minister für öffentliche Arbeiten. – Sergej Sasonow (1860 - 1927), russischer Politiker, bis Juli 1916 Außenminister. Alle diese Politiker und Generäle waren zur Zeit der Karikatur in Ungnade gefallen. Winston Churchill (1874 - 1965) englischer Politiker, bis 1915 Marineminister, 1917 - 1918 Munitionsminister. Nikolai Nikolajewitsch.

Lustige Blätter, Berlin, Nr. 49, 1915

154
Einige Anregungen für neues volkstümliches Spielzeug.

Von links oben nach rechts unten: Der freundschaftliche Händedruck funktioniert gut, sehr komisch. (Wortspiel

Frauen und Kinder

„grip" bedeutet auch Herrschaft.) Im „grip" sind König Ferdinand und Sultan Mehmet – Drehzeppelin (mit geschwächter Sprungfeder): Anspielung auf die Unwirksamkeit des Zeppelineinsatzes. – die unbewegliche Schubkarre. – Neues Kriegsspiel: Ein Stoß in den Brotkorb bringt ihn auf die Knie (Anspielung auf englische Blockade). – Jack und das U-Boot. – Sortiment von Stoffpuppen (etwas zusammengeschrumpelt). Von links nach rechts: König Ferdinand, Sultan Mehmet, Kronprinz Tirpitz, Wilhelm II.

Passing Show, London, 4. März 1916

Kinderspielzeug

Hampelmänner aus Karton:
Kaiser Wilhelm II.
Kaiser Franz Joseph
Transformationsbild: Der deutsche Tourist
Transformationsbild: Die deutsche Sozialdemokratie
Das verbrannte Dorf
Das Spiel des Sieges. Französisches Würfelspiel
Französisches Dominospiel der Alliierten
Haubitze
Kartenspiel mit Staatsmännern und Generälen
Französische Ausschneidebogen mit Poilus

Leihgaben: BDIC, Paris

Kinder- und Frauenbücher

Georges-Anquetil: La Maitresse légitime. Essai sur le mariage polygamique de demain, Paris 1923
Französische Kinderbücher:
- Marthe Serrié Heim: Le Petit Bé et le Vilain Boche, Paris 1915)
- Charles Moreau-Vauthier: Histoire du Petit Chaperon Rouge, Paris 1917
- Becassine Pendant la Guerre: Paris 1915
- Judith Gautier: Un Général de Cinq Ans, Paris 1918
- Les Chansons de Guerre de nos Petits, Paris
- D. du Chardon: Poupées francaises et Poupée boche, Paris 1918
- Simone Bouglé: Bébés s'en vont en Guerre!
- André Soy: Bib et Bob et la Guerre

Leihgaben: BDIC, Paris

Rationierung

Hunger

In Deutschland sind die Lebensmittel rationiert. Die Rationen liegen unter dem Existenzminimum. Sie sind auch nicht immer erhältlich. Im „Kohlrübenwinter" 1916/17 gibt es nur noch Kohlrüben. Wer Geld hat, bekommt alles – auf dem Schwarzen Markt. 700.000 Menschen sterben vor Hunger.

Die Deutschen machen die englische Blockade für diese Zustände verantwortlich und hoffen, England durch den U-Boot-Krieg ebenfalls aushungern zu können. Dort kommt es in der Tat auch zu Engpässsen, aber im allgemeinen reichen die Rationen aus und sind vor allem im Gegensatz zu Deutschland auch erhältlich.

155
Ein Notschrei:

Die Franzosen dürfen nur noch zwei Speisen essen.

La Baionnette, Paris, 15. März 1917

156
John Bull's Hungerkrieg.

Kladderadatsch, Berlin, 17. März 1918

157
Die Süßigkeit.

Klavierfabrikant: Wer eine Flügel für 80 Guineas kauft, erhält ein Pfund Zucker.

Punch, London, 31. Januar 1917

158
Meinungen.

„Schamen sollten Sie' Eahna mit an solchen Bauch in dera Zeit." „Naa, naa, im Gegenteil! Stolz derf ma sein, daß Deutschland no an solchen Bauch aufbring'n ko."

Simplicissimus, München, 10. Oktober 1916

Wöchentliche Rationen in Deutschland 1916 - 1918:

Kartoffeln: 3,5 kg	Mehl/Brot: 160 - 220 g	Fleisch: 100 - 250 g
	Fett: 60 - 75 g	
Milch: 0,7 l	Zucker: 200 g	Eier: 1 Stück
	Fisch: 120 g	

Englischer und deutscher Verbrauch in Prozent von 1913: im Jahre 1918

	Fleisch	Schmalz	Butter	Kartoffeln	Eier
England	62 %	136 %	65 %	143 %	
Deutschland	12 %	7 %	28 %	94 %	13 %

Die Lebensmittelbewirtschaftung

Wegen Blockade und Rüstung geht die landwirtschaftliche Produktion in Deutschland bis zu 60 % zurück.

Um trotzdem eine gerechte Verteilung zu ermöglichen, erfassen und verwalten unzählige Ämter und Kriegsgesellschaften jedes einzelne Produkt. Im Mai 1916 wird das Kriegsernährungsamt unter Adolf von Batocki gegründet. Höchstpreise sollen die Inflation eindämmen. Nach und nach wird fast alles rationiert.

Die staatliche Preiskontrolle verschlimmert den Mangel. Als im November 1915 Höchstpreise für Schweinefleisch festgesetzt werden, verschwinden die Schweine fast gänzlich vom Markt.

Auch in England und Frankreich gibt es Lebensmittelkarten und Höchstpreise, doch die Anbauflächen werden vergrößert und die Versorgung ist viel besser.

159
Der Zauberer.

Simplicissimus, München, 8. August 1916

160
Große Vorstellung.

Der Nebelspalter, Rorschach, 15. Juli 1916

161
Ich brauche dringend eine Kleiderkarte.

Simplicissimus, München, 23. Mai 1916

162
Die Erfahrung des Obstes.

„Menschenkind, was machen Sie mit dem vielen Papier?" – „Das sind die Verordnungen über die Erfassung des Obstes." – „Und wo haben Sie das Obst?" – „Nebenan".

Lustige Blätter, Berlin 1918, Band 2

Ersatz

In Deutschland werden die knappen Lebensmittel gestreckt oder man ißt und trinkt „Ersatz". Statt Eier gibt es Eierersatz aus gefärbtem Kartoffelpulver. Tee wird aus Heidekraut hergestellt, Mehl aus gepulvertem Heu.

Oft ist der Ersatz ungenießbar oder unzweckgemäß. Kleidung aus Papiergewebe ist sehr wasserempfindlich, Brennnesselwolle zerfasert leicht. Milchersatz aus Kokosnüssen ist wohl eine Erfindung der englischen Karikatur.

Rationierung

163
Das Huhn auf der Höhe der Zeit.
Kladderadatsch, Berlin, 2. April 1916

164
Die Milchkrise:
Pflegevater experimentiert mit Kokosnüssen.

165
Der Nahrungsmittelchemiker.
Jugend, München, 1917, Nr. 6

166
Ein Familienausflug.
An Schönheit und Haltbarkeit stehen die Gewebe aus Papiergespinst keinem anderen Stoffe nach, – sie bieten einen vollwertigen Ersatz für Wolle, Baumwolle, Leinwand, Seide. – Das verdanken wir unserem unermüdlichen, gerade einzig dastehenden Erfindergeiste und unserem alles überwindenden Gewerbefleiße.
Simplicissimus, München, 4. Juni 1918

Selbstversorgung

Wegen der Nahrungsmittelkrise versorgt sich die Bevölkerung selbst. Auf dem Balkon wachsen Bohnen und Tomaten, in Gärten und Parks werden Kartoffeln und Kohl gepflanzt. In den Wohnungen stehen Kaninchenställe, auf dem Balkon gackern Hühner. Ein Ferkel wird im Keller versteckt, denn sonst kürzen die Behörden die Fleischration. Gelegentlich wandern Hunde oder Katzen in den Kochtopf.

167
Für die fleischlosen Tage.
Le Cri de Paris, 26. Mai 1918

168
Der Tierfreund in der Großstadt.
Lustige Blätter, Berlin, 1916, Nr. 23

169
Die Wurstgeschichte des Krieges. Lost Dog.
The Bystander, London, 14. Juni 1916

Die Wucherer

In allen Ländern, auch bei den Neutralen, führt die Verknappung des Angebots zu einer furchtbaren Teuerung. Die Preise laufen den Löhnen davon. Auf dem Schwarzen Markt toben sich die Wucherer aus.

Im September 1918 arbeitet eine Munitionsarbeiterin in Berlin einen Tag für vier Eier, drei Tage für ein Pfund Butter.

Lebenshaltungskosten in Deutschland in Prozent von 1900:

1900	1913	1914	1915	1916	1917	1918
100	130	144	168	221	329	407

Lohnsteigerungen in Prozent:

Herbst 1914	1915-16	1916-17	1917-18
5-10 %	17 %	34 %	27 %

Reallöhne (d. h. Löhne unter Berücksichtigung der Preisentwicklung) in Prozent von 1900:

1900	1914	1915	1916	1917	1918
100	96	87	78	70	72

170
Die Teuerung.
Hoffentlich geht es so weiter!
Cri de Paris, 2. April 1916

171
Die Verteuerung der Lebensmittel.
Franz Joseph zum (italienischen) Lebensmittelwucherer: „Bravo, du arbeitest für den österreichischen Sieg!"
Asino, Rom, 12. November 1916

172
Hilfe, Diebe!
Die Kunden? Werden gerupft! Die Steuern? Kümmern mich nicht.
La Griffe, Lyon, 23. Februar 1917

173
Grey und die deutschen Lebensmittelwucherer.
„Seid gegrüßt, teure Bundesgenossen! Mir ist es nicht gelungen, Deutschland auszuhungern. Euch wird es sicher gelingen."
Der Wahre Jacob, Berlin, 17. September 1915

Ersatzstoffe

Einheitssandale
(Oberteil: Papiergewebe; Unterteil: Holzsohle; Hinterteil: Karton mit Stoff)

Kinderschuhe (Sohle: Holz; Oberteil: Papiergewebe)

Papiernähgarn

Rationierung

Brennesselwolle

Kindermütze aus Papiergewebe (SMS Seeadler)

Korsett aus Papiergewebe

Waschvorschrift für Papiergewebe

Eiersatzpulver

Seifenersatz

Otito-Kunstpfeffer

Leihgaben: BDIC, Paris

Das Huhn auf der Höhe der Zeit.

Nr. 163

"Lost Dog"

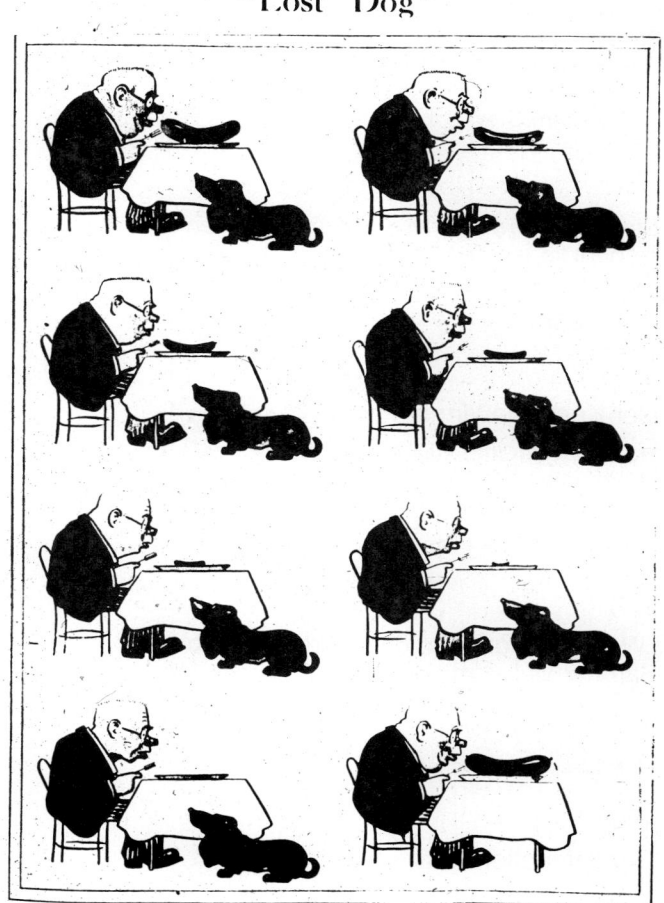

THE WURST STORY OF THE WAR

Nr. 169

Die Finanzen

Die Kriegsgewinnler

Während die breite Masse der Bevölkerung hungert, erzielen Kriegslieferanten und Rüstungsfirmen phantastische Gewinne, die bis zu 1.000 % über dem Vorkriegsstand liegen.

Kriegsgewinne: Ausgewiesene Reingewinne verschiedener Rüstungsfirmen in Deutschland, Österreich, Frankreich, (Mio. Mark, Kronen, Francs)

	Vor-kriegs-Durch-schnitt	1914/15	1915/16	1916/17
Krupp	31,6	33,9	86,5	79,7
Deutsche Waffen- und Munitions- fabrik	5,5	8,2	11,5	12,7
Kölner Pulverfabriken	4,3	6,5	14,5	14,7
Rheinmetall	1,4	3,5	9,9	15,3
Skodawerke	5,6	6,4	9,4	18,2
Waffenfabrik Steyr	2,7	6,7	17,7	18,3
Schneider-Creusot	6,9	9,2	10,8	11,2
Hotchkiss	–	–	2,0	14,0

Die Bruttogewinne (vor Abschreibungen und Rückstellungen) liegen noch höher, bei Schneider-Creusot, z. B. 1916/17 bei 59. Mill. Francs.

Nach Hardach: Der 1. Weltkrieg

174
Der Kriegsgewinnler.

Hausangestellte: „Der Vertreter einer Firma für wirtschaftliche Öfen ist da." Kriegsgewinner: „Werfen Sie ihn hinaus, wir brauchen nicht zu sparen."

Humoristiçké Listy, Prag, 15. November 1918

175
„Warum kriagt denn der Herr an Eiskübel und mir net? San mir vielleicht weniger?!" „Verzeihung – Sie haben Bordeaux, mein Herr." „Dös ist ja mir ganz wurscht, an Eiskübel möcht' i!"

Simplicissimus, München, 2. Juli 1918

176
Der Kriegslieferant

„Und du, was hast du für das Vaterland getan?" Der Kriegslieferant: „Ich habe der Armee Schuhe geliefert."

Numero, Turin, 21. November 1915

Die Kriegsfinanzierung

Die Kriegskosten aller beteiligten Staaten betragen rund 1 Billion Goldmark, nach heutigem Geld mindestens 10 Billionen DM.

Deutschland gibt 164 Milliarden Mark aus, durchschnittlich 35 Milliarden pro Kriegsjahr (Reichsausgaben 1913: 4,3 Milliarden Mark).

Die Einkommensteuer wird nur in England stark erhöht (bis auf 51 %), in Deutschland beträgt sie höchstens 20 %, in Frankreich 2 %. Kriegsgewinnsteuern lassen sich leicht umgehen, neue indirekte Steuern bringen wenig. Eine Junggesellensteuer wird diskutiert, aber nicht eingeführt.

Finanziert wird der Krieg in allen Ländern überwiegend durch Anleihen des Staates bei der Bevölkerung, die damit zumindest in Deutschland ihr Geld verliert. Infolge der Hyperinflation sind 92 Milliarden Mark Kriegsanleihen Ende 1923 nur noch 10 Pfennig wert.

Die Alliierten nehmen auch hohe Kredite im Ausland, vor allem in den USA auf.

177
Deutsche Kriegsanleihe.

Meggendorfer Blätter, München, 23. März 1916

178
Kriegsanleihe in Frankreich.

Meggendorfer Blätter, München, 9. November 1916

179
Die Junggesellensteuer kommt.

Lustige Blätter, Berlin, 1916

180
Die neue Hundesteuer.

„Siehst du! Ich sagte dir schon, daß er die neue Steuer nicht bezahlen würde! Er hat seinen Hund durch einen Goldfisch ersetzt."

La Baionette, Paris, 15. Februar 1917

181
Die Zeichnung der Kriegsanleihe.

Bundesarchiv, Bildarchiv

Die Finanzen

Zahlungsmittel, Kriegsanleihen, Rationierungskarten

7. Kriegsanleihe, Quittung

Anteilschein zur 6. Kriegsanleihe

Zeichnungsschein 5 % Deutsche Reichsanleihe

Flugblatt: Tod dem Geiz

Bernhard, G.: Wie finanzieren wir den Krieg?

Broschüre: Materialien zum Werbevortrag für die 6. Kriegsanleihe

Zur 6. Kriegsanleihe: Leitfaden und Nachschlageblätter zur Werbearbeit

Beuthen: Milchkarte D

Waldshut: Seifenkarte/Süßstoffkarte

Homburg: Kohlenbezugsschein

Mittel-Bexbach: Schuhbedarfsschein

Straßburg: Spezereikarte für Schiffer

Mainz: Seifenkarte mit Aufschrift: Sammelt die Küchenabfälle

Beuthen: Brotkarte

Bundesarchiv, Zeitgeschichtliche Sammlungen

Koblenzer Kriegsgeld

Leihgabe: BDIC, Paris

Darlehenskassenschein 20. Februar 1918 Reichsschuldverwaltung: 20 Mark

Leihgabe: Eberhard Demm

Nr. 174

Der Kampf gegen den inneren Feind

Die Pazifisten

Pazifisten werden als Verräter angesehen. Viele von ihnen gehen daher ins Schweizer Exil. Im November 1914 gründen deutsche Pazifisten den „Bund Neues Vaterland." Er wird von den Behörden schikaniert und muß ab Februar 1916 jede weitere Betätigung einstellen.

In England agitiert die „Union of Democratic Control" u.a. gegen die Einführung der Wehrpflicht. Die Pazifisten werden nicht wie in Deutschland behindert.

In Italien beschränkt sich die pazifistische Aktivität auf die Linkssozialisten, ebenso in Frankreich. Hier haben es die Anhänger eines Verständigungsfriedens besonders schwer.

182
Friedensapostel.
Bis zum siegreichen Ende? Nee, wir nich! Das kann sich so einer leisten wie der da! Dem hat nur seine Wunde geblutet; uns aber blutet jeden Abend das Herz: seit elf Monaten wird nicht mehr von uns gesprochen.
Simplicissimus, München, 20. Juli 1915

183
Friedensfreund.
„Ich wünsche so sehr den Frieden, daß ich den Status quo von 1914 akzeptieren würde." „Gut, aber dann geben Sie mir mein Bein zurück."
La Baionnette, Paris, 3. August 1916

184
Der Kaufmann des Friedens um jeden Preis:
„Küß mein unschuldiges Kind." An seinem Mantel ein Schuldschein des Kaisers, auf dem Boden die Orte und Namen von deutschen „Kriegsgreueln". Auf dem Schwert steht: Mord.
Passing Show, London, 7. August 1915

Pazifismus in den USA

Die meisten Amerikaner wollen ihr Land aus dem Krieg heraushalten.

US-Außenminister William Bryan will amerikanischen Bürgern von Reisen auf alliierten Schiffen offiziell abraten, um weitere Verwicklungen wegen des U-Bootkrieges zu vermeiden. Als Präsident Wilson auf seinem Konfliktkurs gegen Deutschland geharrt, tritt Bryan ostentativ zurück, leitet pazifistische Demonstrationen und agiert gegen die geplante Heeresvermehrung.

Bei den Präsidentschaftswahlen verspricht Wilsons Gegenkandidat Charles E. Hughes Frieden und Neutralität, doch seine Partei ist in der Frage gespalten. Daher tritt Wilson selbst als Kandidat des Friedens auf und gewinnt damit die Wahlen. Monate später erklären die USA Deutschland den Krieg.

185
Bryans deutsche Sympathien. Ich selbst und Bryanismus.
Auf der Jacke Bryans: Frieden um jeden Preis. Neben Bryan Kaiser Wilhelm.
St. Louis Post Dispatch, USA, August 1915

186
Berlins Kandidat.
Stimmen Sie für Hughes und Amerikanismus zuerst.
New York World, Oktober 1916

187
Berlin kommt uns auf halben Wege entgegen.
Wenn die ausgestorbenen Tiere sprechen könnten. Auf dem Schild des Pazifisten: Das Sinnbild der „Bereitschaft" (= Terminus für Aufrüstung): Sein Panzer war zu schwer für ihn. Der Dinosaurier sagt: Dort ist dein Symbol. Dodo konnte nicht kämpfen, konnte nicht fliegen, konnte nicht rennen, schrie wie ein Gänschen.
Chicago Daily News, September 1916

Die Sozialisten

Die SPD unterstützt im Krieg grundsätzlich die kaiserliche Regierung.

Für eine konsequente Friedenspolitik treten nur Minderheiten ein, der Spartakusbund Karl Liebknechts, die 1916 wegen Ablehnung der Kriegskredite aus der SPD ausgeschlossen werden und eine neue Partei bilden, und die Unabhängigen Sozialdemokraten.

In den Staaten der Entente sind die pazifistischen Sozialisten noch schwächer und werden als fünfte Kolonne Kaiser Wilhelms II. angesehen.

Die sozialistischen Kriegsgegner aller Länder treffen sich auf zwei Konferenzen in der Schweiz, können sich aber nicht auf konkrete Aktionen einigen. Im Sommer 1917 sollte eine internationale Sozialistenkonferenz in Stockholm stattfinden. Infolge der Opposition der Regierungen Englands und Frankreichs kommt die Konferenz nicht zustande.

188
Haase und Genossen.
Vorwärts, Genossen, laßt uns die Interessen unserer Wähler vertreten, solange sie noch im Felde stehn. Wenn Sie erst wieder daheim sind, werden sie sich's vielleicht nicht mehr gefallen lassen.
Simplicissimus, München, 11. April 1916

189
Der neueste Dreibund.
Sozialistische Partei Italiens mit Kaiser Wilhelm und Kaiser Franz Joseph.
Numero, Turin, 27. September 1914

190
In Stockholm – Verstärkung für den Kaiser.
Le Rire, Paris, 16. Juni 1917

191
Der tapfere Liebknecht.
„Verzweifeln Sie nicht, Nikolai Nikolajewitsch, noch haben Sie mich! Ich habe eine furchtbare Waffe gegen Deutschland – meine Immunität."
Simplicissimus, München, 13. Juli 1915

192
Karl Liebknecht und Rosa Luxemburg.
Bundesarchiv, Bildarchiv

Streiks

Im August 1914 wird in Deutschland überhaupt nicht gestreikt. In den folgenden Jahren aber nimmt die Zahl der Streikenden sprunghaft zu.

Ende Januar 1918 streiken und demonstrieren allein in Berlin 400.000 Arbeiter für:
Frieden ohne Annexionen
Verbesserung der Versorgungslage
Abschaffung des preußischen Dreiklassenwahlrechts.

1917/18 nimmt auch in den anderen Ländern die Zahl der Streiks zu.

In Rußland führen Streiks und Hungerunruhen schließlich zur Revolution.

Die Propaganda bezeichnet die Streikenden als Verräter.

Zahl der Streiks in Deutschland

Jahr	1915	1916	1917	1918
Zahl der Streikenden	12.866	124.188	651.461	1.304.248

193
Zweierlei Kämpfer.
Zum Heile Deutschlands – Zum Vergnügen der Entente.
Jugend, München, 4. Februar 1918

194
Für die guten Dienste.
Ein deutscher Orden für die Streikenden in England.
Punch, London, 23. Mai 1917

195
Der Verräter.
Auf dem Zettel steht: Streikaufruf.
Punch, London, 2. Oktober 1918

Spione

In allen Ländern herrscht große Angst vor Spionen.

In Frankreich werden sogar Frauen und Kinder verdächtigt, und eine wahre Hysterie bricht aus, die selbst von der eigenen Karikatur verhöhnt wird.

Berühmte Spione sucht man vergebens. Die bekannteste deutsche Spionin, die Tänzerin Mata Hari, ist völlig unbedeutend, wird aber von den Franzosen trotzdem hingerichtet.

Tummelplatz von Agenten ist die neutrale Schweiz. In Deutschland werden im Krieg 850 alliierte Spione vor Gericht gestellt.

Die deutsche Botschaft in Washington betreut nicht nur Agenten, sondern auch Saboteure von Rüstungsfirmen.

Sehr wichtig wird auch die Entzifferung von Funkschlüsseln.

196
Die Hinrichtung der holländischen Tänzerin Mata Hari.
„Franzosen! Denkt an Miß Cavell. Eure Heuchelei wird mich unsterblich machen." Die englische Krankenschwester Edith Carell wurde im Oktober 1915 von den Deutschen hingerichtet, weil sie belgischen Kriegsgefangenen zur Flucht über die holländische Grenze verholfen hatte. Die Alliierten entfesselten darauf eine große Propagandakampagne.
Simplicissimus, Berlin, 6. November 1917

Der Kampf gegen den inneren Feind

Zweierlei Kämpfer

Zum Heile Deutschlands

Zum Vergnügen der Entente.

(Zeichnungen von Erich Wilke)

Nr. 193

197
Verrat.

„Stell dir vor, mein Lieber, unsere deutsche Gouvernante – das war der General von Kluck." „Entsetzlich, Pauline, und ich habe dich mit ihr betrogen!"

La Baionnette, Paris, 6. Juli 1916

198
Der Spion Schmidt:

„In London ist die Revolution ausgebrochen."

Leete, Schmidt the spy, London 1916

199
Deutsch-amerikanische Intrigen.

Sie schwärmen aus. Auf dem Bienenstock steht: Streiks, Meuterei, Agentennetz, gekaufte Zeitungen, Intrigen. Darunter: Deutsche Botschaft.

New York, Herald Tribune, August 1915

Deutsche Minderheiten

In Rußland und England gibt es zahlreiche Deutsche, u.a. im Einzelhandel. In beiden Ländern kommt es gegen sie 1915 zu Pogromen.

In England ändern viele naturalisierte Deutsche ihre Namen, an ihrer Spitze die Königsfamilie, die statt „Sachsen Koburg und Gotha" jetzt Windsor heißt.

Die deutschen Einwanderer in Amerika demonstrieren für eine Friedenspolitik, unterstützen Bryans pazifistische Kampagnen und stimmen 1916 für Wilsons Gegenkandidaten Hughes. Sie werden als „Bindestrich-Amerikaner" beschimpft und der Spionage und Sabotage beschuldigt.

200
Ein schneller Schaufensterwechsel.

Links: Frankfurter Würstchen, Westfälischer Schinken, Straßburger Leberpastete, Limburger Käse, Wiener Brot, Rheinwein. Rechts: Cambridger Würstchen, Yorker Schinken, Melton Pastete, Stiltonkäse, Bauernbrot, Ingwerbier, Limonade.

Punch, London, 19. August 1914

201
In England.

„Was ist da los?" – „Das sind naturalisierte Deutsche, denen man eine letzte Englischstunde gibt."

Le Ruy Blas, Paris, 23. Mai 1915

Nr. 197

202
Ein Glück, daß man sie los ist.

Der König hat gut daran getan, die deutschen Titel der königlichen Familie abzuschaffen.

Punch, London, 27. Juni 1917

203
Eine Friedenskonferenz von Neutralen.

Links oben: Nieder mit Wilson.

New York World, August 1915

Pazifistische und sozialistische Aufrufe und Broschüren

Flugblätter der Unabhängigen Sozialdemokratischen Partei Deutschlands

An das sozialistische Proletariat Deutschlands

Der Kampf gegen den inneren Feind

Hugo Haase: Reichstagsreden gegen die deutsche Kriegspolitik

Flugschrift Nr. 1: Was will der Bund Neues Vaterland?

Kurt Eisner: Treibende Kräfte

Walther Schücking: Die deutschen Professoren und der Weltkrieg

Alexandra Kollontay: Wem nützt der Krieg? 1918

Warum wir den deutschen Militarismus verabscheuen und warum wir ihn vernichten wollen. Ausschuß für sozialistische Propaganda, Paris 1916

Sozialistische Flugschrift: Imperialistischer Sozialismus oder proletarischer Klassenkampf

Internationale Flugblätter Nr. 1: Die Zimmerwalder Linke über die Aufgaben der Arbeiterklasse, 1915

Sozialistische Flugschrift: Leo N. Trotzkij: Der Krieg und die Internationale

Kriegs- und Friedensprobleme der Arbeiterklasse. Entwurf eines Manifests, vorgelegt auf der 2. Zimmerwalder Konferenz (Organisation der sozialdemokratischen Arbeiterpartei Rußlands) 1916

Arbeiter und Arbeiterinnen Nürnbergs! Aufruf der USPD, 28. Januar 1918

Bundesarchiv, Zeitgeschichtliche Sammlungen

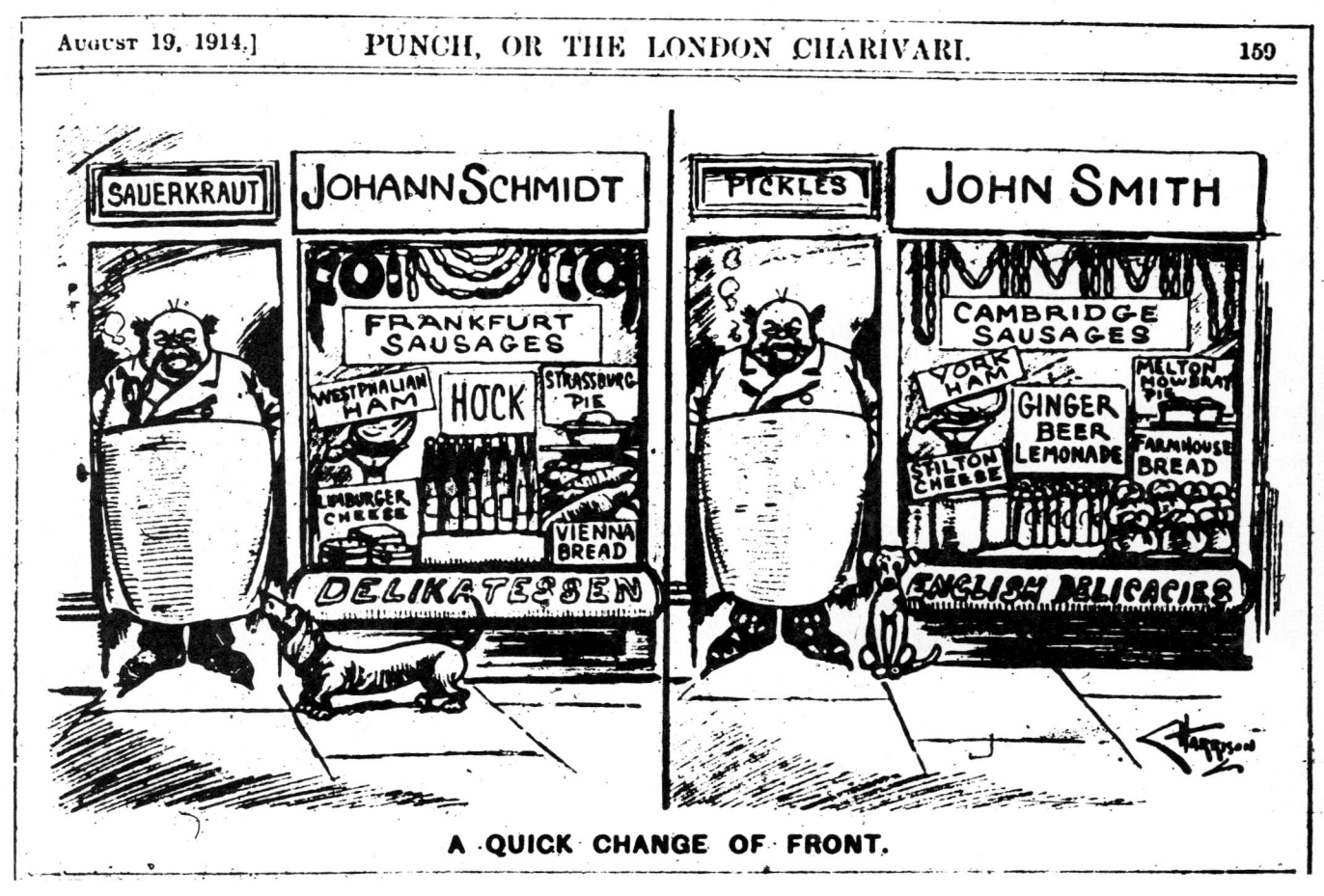

Nr. 200

Der Propagandakrieg

Die „Daheimkrieger"

„Daheimkrieger" gehen nicht an die Front, diskutieren aber über Krieg und Kriegsziele und wissen alles besser. Zu ihnen gehören Intellektuelle, Wirtschaftsführer, hohe Beamte und Politiker. In Berlin gründen sie verschiedene Clubs, wie die „Deutsche Gesellschaft 1914".

Die Intellektuellen mobilisieren mit Gedichten, Aufsätzen und Broschüren, auch mit Karikaturen und bald mit Filmen die Bevölkerung für den Krieg und für weiteres Durchhalten.

Forscher entwickeln neue Waffen und Ersatzstoffe.

204
Kaffeehäusler-Strategie.
Im Hauptquartier ist eine Deputation der Stammgäste des Café Adler in Wien unter der Führung des Oberkellners Jean eingetroffen. Die Herren haben einen neuen, von ihnen selbst ausgearbeiteten Feldzugsplan mitgebracht, der von der Armeeleitung sofort akzeptiert wurde.
Muskete, Wien, 1. Oktober 1914

205
Im Café Größenwahn.
Der Wahre Jacob, Berlin, 5. Februar 1915

206
Der Geist des Guten und der Geist des Bösen.
Gerechtigkeit, Freiheit und Brüderlichkeit inspirieren den alliierten Wissenschaftler. Der Geist des Bösen inspiriert den deutschen Wissenschaftler.
La Baionnette, Paris, 25. Oktober 1917

207
Der Raum zum Zähneknirschen in einem Berliner Haßclub.
Bystander, London, 14. April 1915

Propaganda und Zensur

Die Propaganda ist eine der wichtigsten Waffen dieses Krieges.

Sie soll Rückschläge und Entbehrungen überspielen und für weiteres Durchhalten sorgen.

Presse und Film folgen behördlichen Anweisungen und unterstehen einer Zensur. Ungünstige Nachrichten werden verschwiegen oder verzögert oder durch falsche Informationen ersetzt.

Die öffentliche Meinung im Ausland wird ebenfalls beeinflußt durch Propagandamaterial, durch Bestechung von Journalisten und den Kauf von Zeitungen.

Die Soldaten des Gegners werden nicht nur mit Granaten, sondern auch mit Flugblättern und Broschüren beschossen, die zur Übergabe auffordern und gute Behandlung versprechen.

208
Von der Zensur freigegeben.
Auf dem Schild steht: Schlacht bei Hastings im Jahre 1066 jetzt offiziell. In der Schlacht wurden die Angelsachsen von den Normannen unter Wilhelm dem Eroberer geschlagen.
London Opinion, 24. Juli 1915

209
Nach der „Sussex".
Zeichnung und Text von der Zensur gestrichen.
Le Ruy Blas, Paris, 9. April 1916

210
Die Verbreitung falscher Nachrichten.
Die deutsche „Bluffkultur".
Petit Journal, Paris, 21. März 1915

211
Gipfel der Kriegstechnik:
Die englische schwerste Artillerie.
Jugend, München, 1915

212
Messagero.
Weitere drei Wochen Franzosenfreundschaft macht zwanzigtausend Lire, Monsieur Barrère.
Simplicissimus, München, 24. November 1914

Kultur und Zivilisation

Die Alliierten führen einen Kreuzzug für Demokratie und Zivilisation gegen Militarismus und Barbarei. Auch das zaristische Rußland kämpft für die Zivilisation – mit der Knute.

Die Deutschen sind stolz auf ihre hohe Kultur. Die Alliierten assoziieren die deutsche „Kultur" mit Tod und Vernichtung.

Der Propagandakrieg

213
Die große deutsche Zivilisation.
Neues Straßenpflaster „made in Germany" in den von der deutschen Armee besetzten französischen und belgischen Städten.
Numero, Turin, 29. November 1914, Nr. 49

214
Herr Professor.
Was wollen Sie? Das ist für die Kultur!
Cri de Paris, 25. Oktober 1914

215
In Rußland.
„Auf Ihr Hunde, in den Kampf für die Civilisation!"
Jugend, München, 1914, Nr. 46

216
Die neue Heilsarmee.
Auf der Trommel steht: Kommt zu uns für die Kultur. Kultur oder Tod. Wenn wir euch erschießen, ist es nur zu eurem Besten.
L'Europe antiprussienne, 20. Februar 1915 (nach einer US-Karikatur)

Farbige Soldaten im Krieg

Engländer und Franzosen schicken auch farbige Truppen aus ihren Kolonien an die Front. Im Sommer 1916 stehen in Frankreich 31 Bataillone senegalesischer Soldaten, zumeist an den heftigst umkämpften Frontabschnitten.

Die deutsche Propaganda schlachtet den Einsatz der schwarzen „Menschenfresser und Gorillas" im Dienste der „westlichen Zivilisation" hemmungslos aus.

217
Die Treppe der Kultur.
Auf den untersten Stufen (Ganz unten Kaiser Wilhelm mit der Reimser Kathedrale und dem Wrack der Lusitania).
Russische Karikatur aus: Goldmann-Hessenhorst, Karikatur im Weltkrieg (1927)

218
„Keine Angst, Dummkopf, Mohammed niemals Schweinefleisch essen."
La Baionnette, Paris, 28. September 1916

Nr. 214

219
Letztes Aufgebot der „Grande Armee".
Für die „Zivilisation" gegen die Barbarei.
Lustige Blätter, Berlin, 1914, Nr. 38

220
Paris 1915.
Etwas Gutes hat der Krieg doch gehabt. Er hat die grande nation vor dem Aussterben bewahrt.
Muskete, Wien, 8. Oktober 1914

221
Frankreichs Kulturpioniere.
Simplicissimus, München, 4. Mai 1915

222
Verwundete schwarze Soldaten.
Bundesarchiv, Bildarchiv

Kultur kleinkariert

Der Propagandakrieg ist oft ganz trivial. So wird in Deutschland eine eigenständige Mode propagiert und die englische Karikatur malt genüßlich die Folgen aus. In Frankreich schlägt ein Militär ernsthaft vor, das „K" als „deutschen Buchstaben" aus dem Alphabet zu streichen. Ein deutscher Käsehändler verkauft weder Gorgonzola noch Rocquefort, weil es feindliche Käsesorten sind.

223
Willkommen, deutsche Mode.
Auch diese Carrébildung hilft zum Siege.
Ulk, Berlin, 11. Februar 1916

224
Die Mode in Deutschland.
Unsere Frauen, die sich nach der Pariser Mode richten, und unsere Männer, die sich nach London orientieren, sollen daran denken, daß wir anders gebaut sind als Engländer und Franzosen. Nach dem Krieg muß sich die deutsche Mode einer Nationaltracht angleichen, die für ihre Bequemlichkeit und Schönheit bekannt ist.
Punch, London, Almanach 1917

225
Kolossal.
Da das „K" deutsch ist, verurteilen wir es zum Tode durch Enthauptung.

226
Strenge Grundsätze.
„I möcht a Viertelpfund Gorgonzola." – „Den hab i net." – „Da geben S' mir halt an Roquefort." – „Den hab i aa net. I führ überhaupts koane feindlichen Käs' net."
Simplicissimus, München, 28. September 1915

Das Selbstbestimmungsrecht der Völker

Im Weltkrieg proklamieren der russische Revolutionär Lenin und der amerikanische Präsident Wilson das Selbstbestimmungsrecht der Völker.

Diese Forderung trifft sowohl die Alliierten als auch die Mittelmächte in ihrem Gebietsbestand: In Österreich-Ungarn und Deutschland leben zahlreiche nationale Minderheiten. England bekämpft irische Unabhängigkeitsbestrebungen und ist – wie auch Frankreich – eine Kolonialmacht.

Zudem enthüllt das „Sykes-Picot-Abkommen" von 1917, daß die Alliierten die Türkei unter sich aufteilen wollen.

Deutschland spielt sich als Befreier der russischen Fremdvölker auf, möchte aber Polen, Litauen und die Ukraine zu deutschen Satellitenstaaten machen. Die Karikaturen kommentieren die Proklamation des „unabhängigen" Polen durch die Mittelmächte am 5. November 1916.

227
Wenn die Völker selbst bestimmen könnten.
Kladderadatsch, Berlin, 1918, Nr. 9

228
In Warschau: Nimm sie doch, du bist ja frei.
Cri de Paris, 14. Januar 1917

229
Das stolze Albion.
Lustige Blätter, Berlin, 1917, Nr. 51

230
Alles für die Entente! Es lebe Polen!
Der Wahre Jacob, Berlin, 24. November 1916

231
Die „Unabhängigkeit" Polens.
Auf dem Schild steht: Abteilung für Kanonenfutter.
Punch, London, 15. November 1916

Propagandakeramik

Kaffeekanne: Gott strafe England

Aschenbecher: Wuttkysoff. Väterchens schmutzige Horden, die sengen, brennen und morden, 1914

Aschenbecher: Bruder Turko und ich. Mr. Dum-Dum. An der Spitze der Zivilisation marschiert nur die Grande Nation, 1914 - 1915

Aschenbecher: Schuftejack. Das Lügenmaul der Feinde. Uns Deutsche tröstet das Eine: Lügen haben stets kurze Beine, 1914

Französische Teller:
Fronturlaub 1914

Schwarzer Soldat: Tatsächlich, wir sind noch häßlicher als die Deutschen

Großtat des Kronprinzen

General Joffre

Kaiser Wilhelm II. spielt zum Brand der Reimser Kathedrale

Der Propagandakrieg

◀ Nr. 228   ▲ Nr. 229

Deutsche Teller:
Weihnachtsteller: Tannenberg und Masuren

Der Kaiser rief und alle, alle kamen, August 1914

Becher: Auch Belgier- und Franzosenkind des deutschen Kriegers Freunde sind

Andenken an Metz, 1914-1917

Mokkatasse mit Portrait Hindenburgs

Bierhumpen: Feste druff!

Englischer Milchtopf mit Karikatur von Bruce Bairnsfather: Gott strafe this barbed wire. (Gott strafe diesen Stacheldraht.)

Leihgaben: BDIC, Paris

Propaganda in Aufrufen, Zeitungen, Büchern und Broschüren

German Crimes Calendar, 1918

Alliiertes Flugblatt: An die deutschen Soldaten

Alliierte Broschüre: Wilhelm II., wir klagen dich an

Alliierte Broschüre: Kaiser und Krieg oder Republik und Frieden (Deckblatt: Reclam-Heft, Lexikon deutscher Citate)

Alliiertes Flugblatt: Deutsche Kameraden

Alliiertes Flugblatt: Arithmetik

Alliiertes Flugblatt: Die amerikanischen Truppen rücken mit Eile heran

Deutscher Propagandaaufruf: Soldats français

Houston Stewart Chamberlain: Demokratie und Freiheit, München 1917

Gustav Stresemann: Englands Wirtschaftskrieg gegen Deutschland

Rudolf Eucken: Die weltgeschichtliche Bedeutung des deutschen Geistes

Unser U-Boot-Krieg führt uns zum Sieg. Deutscher U-Boot-Kalender, Hamburg 1918

Bundesarchiv, Zeitgeschichtliche Sammlungen

Le Réveil: zweisprachige deutsche Zeitung für das Ausland, 30. 10. 1914 und 3. 11. 1914

Friedrich Naumann: Mitteleuropa, Berlin 1915

Leihgabe: Eberhard Demm

Brief Thomas Manns an Alfred Weber vom 31. August 1915

Bundesarchiv, NL Alfred Weber

Thomas Mann: Betrachtungen eines Unpolitischen, Berlin 1918

Alfred Weber: Gedanken zur deutschen Sendung, Berlin 1915

Adolf v. Harnack, Friedrich Meinecke, Max Sering, Ernst Troeltsch, Otto Hintze: Die Deutsche Freiheit, Gotha 1917

Leihgabe: Württembergische Landesbibliothek, Stuttgart

Alliierte und deutsche Kriegspostkarten

Bundesarchiv, Bildarchiv
Leihgaben: BDIC, Paris

Filmausschnitte aus dem Ersten Weltkrieg

Mobilmachung 1914/Wilhelm II. im Krieg

Bilder aus dem Ersten Weltkrieg

Herstellung von Granatzündern

Unser Hindenburg

Kriegsanleihe, Teil 1

Stellungskrieg im Westen

U-Boot auf Kaperfahrt

Bundesarchiv, Filmarchiv

Tondokumente über den Ersten Weltkrieg

Augenzeugenbericht des Grafen von Erbach-Fürstenau, der am 28. Juni 1914 im Gefolge des österreichischen Thronfolgers Erzherzog Franz Ferdinand das Attentat von Sarajewo miterlebte. Die Aufnahme stammt aus dem Jahre 1954.

Ansprache des Reichstagspräsidenten Johannes Kaempf vom 4. August 1914.

Aufruf Kaiser Wilhelm II. an das deutsche Volk vom 6. August 1914.

Drei Propagandaaufnahmen der Vaterländischen Zonophon – und der Deutschen Grammaphon-Gesellschaft aus dem Jahre 1914:
„Im Lager von Paris"
„Feldgottesdienst vor Maubeuge"
„Die Erstürmung von Lüttich".

Dankerlaß des Generals Paul von Hindenburg an die Truppen der 8. Armee vom 31. August 1914 nach dem Sieg über die russische Narewarmee bei Tannenberg in Ostpreußen.

Ansprache des deutschen Großadmirals und Staatssekretärs des Reichsmarineamtes, Alfred von Tirpitz, zur Begründung des U-Boot-Kriegs. Die Aufnahme ist vom Februar 1915.

Aufruf des österreichischen Kaisers Franz-Joseph I. zur Spende für den k. und k. österreichisch-ungarischen Witwen- und Waisenfonds.

Patriotisches Potpourri mit Blasorchester und Männergesang aus dem Jahre 1915.

Zwei Kabarettaufnahmen aus der ersten Hälfte des Jahres 1915 mit dem Kabarettisten Richard Waldemar.

Proklamation des Erzherzogs Eugen, Oberbefehlshaber der österreichischen Truppen an der Italienfront, vom 18. August 1915.

Propagandaaufnahme der Vaterländischen Zonophon-Gesellschaft über die Erstürmung einer russischen Position an der österreichischen Ostfront aus dem Jahre 1915 oder 1916.

Rede des österreichischen Generalfeldmarschalls und Chefs des Generalstabes, Franz Graf Conrad von Hötzendorf, aus dem Jahre 1915 oder 1916.

Rede des österreichischen Thronfolgers Erzherzog Karl vom 16. Februar 1916.

Der Propagandakrieg

Aus den Erinnerungen des französischen Obersten Raynal an die Kämpfe um die Festung Verdun im Frühjahr 1916. Die Aufnahme stammt aus dem Jahre 1936.

Ausschnitt aus einer Reichstagssitzung vom 27. Februar 1917. Es spricht Reichskanzler Theobald von Bethmann Hollweg.

Aus einer Friedensrede, die der sozialdemokratische Abgeordnete Philipp Scheidemann am 15. Mai 1917 im Reichstag gehalten hat.

Ansprache des Generalfeldmarschalls und Chefs der Obersten Heeresleitung, Paul von Hindenburg, zur Kriegslage vom 17. Oktober 1917.

Botschaft des Oberbefehlshabers der amerikanischen Truppen in Europa, General John Pershing, an die amerikanische Nation. Die Aufnahme ist vom Herbst 1917.

Rede des deutschen Germanistikprofessors Gustav Roethe über die „Deutsche Freiheit". Die Aufnahme stammt aus dem Jahre 1918.

Deutsches Rundfunkarchiv, Frankfurt a. M.

Endlich Friede

Der Zusammenbruch der Mittelmächte

Im Sommer zwingen die Alliierten die deutschen Truppen zum Rückzug. Am 3. Oktober wird Prinz Max von Baden Reichskanzler und ersucht den amerikanischen Präsidenten um Waffenstillstand. Der Krieg ist für Deutschland verloren.

Trotzdem befehlen die Admirale noch einen Einsatz der deutschen Hochseeflotte. Doch die Matrosen meutern. Es kommt zur Revolution. Am 9. November wird Deutschland Republik. Kaiser und Kronprinz gehen nach Holland ins Exil.

Am 11. November wird in Compiègne der Waffenstillstand unterzeichnet. Auch Deutschlands Verbündete strecken die Waffen. Österreich-Ungarn fällt auseinander. Am 11. November geht Kaiser Karl I. ins Exil.

232
Die Ratten verlassen das Schiff.

Auf dem Schiff steht: Teutonische Allianz. Unter dem Seil: Waffenstillstand. Die Ratte stellt Zar Ferdinand von Bulgarien dar.

Hecht, War in Cartoons, New York

233
Das Ende der Kaiser.

Asino, Rom, 24. November 1918

234
Die neue Firma.

„Nicht viel Kundschaft, Vater." Auf dem Schild steht: Schnorrhandel.

Notenkraker, Amsterdam, 23. November 1918

Pariser Friedensverträge

Die Alliierten diktieren die Friedensbedingungen. Im Versailler Vertrag verliert Deutschland ca. 13 % seines Staatsgebiets und 7 Millionen Einwohner, außerdem alle Kolonien. Die Armee wird auf 100.000 Mann beschränkt. Deutschland soll 132 Milliarden Mark Reparationen zahlen.

Auch die Friedensverträge mit Deutschlands Verbündeten sind drakonisch. Die Auflösung Österreich-Ungarns wird anerkannt. Österreich wird Zwergstaat.

Die Türkei verliert alle arabischen Territorien an England und Frankreich.

Bulgarien muß die Ägäisküste an Griechenland abtreten.

In Deutschland kommt es zu schweren Ressentiments gegen die Westmächte. Die nationale Rechte schreibt den Kampf gegen Versailles auf ihr Panier.

235
Nein! Die Deutschen müssen den Schaden wiedergutmachen!

Bringt zurück! Baut wieder auf! Zahlt Kriegsentschädigung! Auf der ersten Zeichnung Namen von Städten, die im Krieg zerstört wurden.

Le Rire, Paris, 2. November 1918

236
Chirurg Wilson und Patientin Österreich.

Wilson: „Wir können nicht anders, wir müssen amputieren. Es wird etwas wehtun, aber es war auch schon lange überfällig."

Humoristicke Listy, Prag, 15. November 1918

Nr. 235

237
Die neue Türkei.
Der Traum Enver Paschas, wenn er Wirklichkeit wird.
Numero, Turin, 15. November 1914

238
In Deutschland geht es weiter.
Ein Konsortium Potsdamer Verleger beauftragt den General Friedrich von Bernhardi, ein Buch mit dem Titel zu schreiben: Deutschland und der nächste Krieg.
Bernhardi (1849-1930), preußischer General und Schriftsteller, propagierte in seinem 1912 veröffentlichten Buch „Deutschland und der nächste Krieg" einen Angriffskrieg des Reiches. Er veröffentlichte 1920 tatsächlich ein neues Buch „Vom Kriege der Zukunft. Nach den Erfahrungen des Weltkriegs" (Berlin 1920), riet aber darin Deutschland von einem solchen Krieg ausdrücklich ab.

Und wenn die Deutschen gewonnen hätten?

Wer den Versailler Vertrag beklagt, sollte nicht vergessen, daß die Deutschen ihre Gegner nicht besser behandelt hätten. Das zeigt der Frieden von Brest-Litowsk mit der Sowjetunion, der die russischen Westprovinzen den Deutschen auslieferte. Die deutsche Herrschaft hätte zu Versklavung, wirtschaftlicher Ausbeutung und brutaler Germanisierung geführt.

239
Wenn der preußische Militarismus überlebt.
Wie wir künftig zu Hause leben werden: Wir werden ständig von der Herrenrasse überwacht. – Die höhere Kultur wird uns aufgezwungen, und man wird alles tun, uns vor der schrecklichen Degenerierung unserer früheren Freiheit zu bewahren. – An die Stelle von Bridge wird ein männlicher Sport treten wie etwa Gewichtheben. Auf den Schildern in der Mitte, von links nach rechts: Anordnungen für Zivilisten . . . muß . . . darf nicht . . . muß . . . oder wird niedergebrannt. Anordnungen für Haushalte. Zeppelin-Danksagungsspende. Krupps Geldspende. Die Privilegien der annektierten Länder: Steuern zahlen, Kriegsdienst leisten, Maul halten (Professor Lesius). Offizielle Hausangesellte: Meldungen über die Gespräche.
Bystander, London, 7. Oktober 1914

240
Ein deutscher „Frieden".
Zur Information unserer Pazifisten.
Punch, London, 12. Juni 1918

A GERMAN "PEACE."
(FOR THE INSTRUCTION OF OUR PACIFISTS.)